航空業務

The Aviation of Business

朱雲志◎編著

序

從任公職服務於民航局迄今，轉瞬間已歷二十六年以上，在南北任所往返工作期間，我始終沒放下教學的工作，伊始曾教過補習班夜間部專校，後至目前的國立高雄應用科技大學、國立高雄餐旅學院、私立文化大學等多所學校，積幾十年的教學經驗，豐富了我的人生，使我與年輕學子一起陶冶在智識的漩渦裡，不恥下問、力求長進，獲得了人生的真諦，並亦消除與年輕人相處的代溝。

學識、謙卑、誠懇永伴隨著我向前走，不虛飾於公職地位的高低，始終如一，堅守工作崗位，不怠慢自身份內職責，在工作與教學兩者兼顧之下，努力公務亦闢建了學識管道及領域，體悟到人生，必須脫俗而堅定的走向終身學習的道路。

做為民航事業工作者，除對年輕的一代播種為了薪火相傳外，還要做到強化飛安工作，達到「便捷」、「舒適」、「安全」，以提昇民航服務品質，為民航事業奠定基礎。編著這本書有如待產的孕婦，足足十二個月，再加上多次修訂補強，拖到十八個月才完成。

命名這本書為「航空業務」的目的，乃是為了提供教學用。雖然花費一年半時光，但書的內涵極為紮實又廣泛。由於學識膚淺，瑕疵難免，尚祈民航業界先進、前輩、長官、

師友多惠予指正與教導。

　　藉此一隅，要感激民航業界諸位先進、長官提供的民航文獻，令我能一睹全貌作為參考。並從報章雜誌、網路上、及筆者工作經驗中蒐集到最新資料，得以彙編完成該書。沒有應用科大劉主任修祥博士對這本書的期待與希望，不會有今日的付梓成書，由衷致謝！航空公司的武培茹小姐不斷的提供所轄資料及協助校訂，高雄航空站的同仁徐夢蘭小姐用心的繕打，不厭其煩的修訂，均致上無限的謝忱！同時，在此亦謝謝民航局、高雄航空站、台北航空站諸位友好的同仁，多年來給予我協助或鼓勵。

　　最後，向內人營營致最高的謝意，由於妳的奉獻全心照顧這個家，使我無後顧之憂，才有今日。莉、潔兩個女兒自國外上網路搜尋國際最新民航資訊，給了我莫大的協助。願我們互勉一起努力的打拼，做到人生一定要神彩飛揚。

朱雲志　謹識
民國八十九年十月

目　錄

表目錄

圖目錄

本書內容架構

　　教課書必須推陳出新，時時刻刻的掌控機會與空間來不斷的修訂更新，以達到合乎時代的需求，保持一定的水準。「航空業務」就是在此情況下而完成的，本書的內容架構含蓋有：

　　第一篇的航空之基本概念，在於追溯了解航空之緣起及沿革，航空特性、管理，我國之民航以及民航組織與航權。

　　第二篇的航空公司之基本認識所討論到的有航空公司任務及營運，組織及業務，國家之航空公司，蓬勃發展的美國航空公司。

　　第三篇的航空公司之票務是說明航空市場行銷，航空機票，機票之填發、訂位、促銷、配額以及航空公司之實際服務。

　　第四篇的未來民航空運事業之發展與規劃，預測航空運輸之需求，民航機場之發展與規劃，航線發展之規劃，並作綜合結語，使讀者能明瞭現代民用航空業務之全貌及發展。

　　在 2000 年時代裡的今日，我們是幸運的人，成為地球村上的住民，這歸功於航太工業之猛進，民航空運的發達。鑑此，確有必要應該研讀「航空業務」這本書，以謀彙集航太知識，充實內涵做為導向，迎向嶄新璀璨的明天。

第一篇　航空之基本概念

第一章
航空之緣起與沿革

緣起

　　航空器是飛行的工具，其發展乃循氣球、飛船、飛機而來。氣球為法國人蒙格菲爾（Montogofier）兄弟在1783年發明，球內裝滿熱空氣，後改用氫氣。1785年，法國科學家白朗卻（Blanchard）和美國人傑菲（Jeffres）乘坐氣球飛過英倫海峽。1794年法國大革命時，曾用氣球擔任偵察。19世紀時有很多戰役，包括美國南北戰爭，都曾用氣球來偵察敵方的行動。

　　飛船亦為法國人首先製成，1852年法國吉福（Gifford）所製飛船，長144呎，直徑39呎，中注煤氣，裝上蒸汽發動機、螺旋槳推進機與方向舵等裝置，飛行時速達6、7哩。1898年德國人齊伯林建立第一座飛船工廠，歐戰中，德國曾用飛船轟炸倫敦，震撼全世界。因此使人類對於航空器的研究與發展產生更積極的作用。

　　氣球及飛船都是輕於空氣的航空器，由於氣球的體型容易受到風力的影響，航行時不易控制；飛船亦由於強大風力的衝擊，常發生意外，使此種輕於空氣的航空器在發展上受到很大的限制。

　　重於空氣的航空器問世，則比飛船的發明遲了五十年。美國人萊特兄弟（Orville and Wibur Wright），在1903年於北卡羅萊那州，駕駛自造雙翼飛機，留空12秒，飛行120呎，這是第一次重於空氣的飛行器在空中飛翔，開創航空事業的新紀元。

1909年，飛機第一次成為實際使用的運輸工具。法國人路易·貝萊里奧（Bleiot）於1909年7月25日，駕著「十一號」單翼機首次飛過英法海峽。

定期飛行航線首先出現於1914年1月1日，美國人帕西·范史禮，以安敦尼·贊紐斯為機師，在美國佛羅里達州內，聖比得斯堡與譚帕之間，開闢定期客運航線，兩地距離22哩，航線全部經過水域。

1927年5月20日，美國林白上尉單人駕機，不停飛渡大西洋，自紐約至巴黎航程3,625哩，歷時33小時39分。1928年，澳洲人查理士·史密夫駕駛一架福克FV II B－3M型單翼機，以83小時又38分的時間，從加利福尼亞州奧克蘭飛抵澳州的布里斯本。全程7,600哩，分三段飛完。證明飛機可作長距離的越洋飛行。

1939年，德國首先使用噴射引擎飛機。8月27日，一架亨卡爾HE 178型機，有1,100磅推力的滑輪噴射引擎，由伊力·華錫茲駕駛，試飛成功。

民航噴射機的製造應用，以英國為最早，1952年5月，海外航空公司首先用彗星一型噴射客機，開航南非線。

1947年10月14日，一架飛機在作水平飛行時，第一次超過了聲音的速度（在海平線上，音速每小時約760哩）。這架貝爾愛克斯一型機，駕駛人是美國空軍上校查理士·伊卡。乃由改裝的超級空中堡壘轟炸機帶至30,000呎高空，再予發動起飛。

1957年10月4日，蘇俄發射了第一顆人造衛星「旅伴一號」。這是人類飛行進入太空時代的先聲。此後，美國積極展開太空計畫。

1969年7月，美國農神五號火箭，發送太陽神十一號太

空船，登陸月球成功。從此以後，人類的飛行，由國際、洲際，進展爲星際間飛行。

自1903年12月17日，美國人Mr. Orville Wright 在Kitty Hawk, North Carolina，第一個人用動力的飛機飛起來。他飛機是雙翼的，中間用木料做支柱，兩翼用布塊蓋起來，引擎是用一小型的汽車引擎改良而成的，人爬在飛機的中間，發動引擎，帶動螺旋槳。

到美國太空人Mr. Neil Armstrong 於1969年7月20日登上月球時爲止，不過六十六年光景。人類科技的進步，真是一日千里。

沿革

民用飛機的歷史，可分爲四個階段：

1. 1945年至1949年——即第二次世界大戰後，由剩餘的軍用活塞引擎飛機改爲民用機。
2. 1950年至1958年——大量製造新的活塞引擎民用機。
3. 1959年至1969年——窄體噴射客機問世。原無窄體機和廣體機之分，後來有了廣體機（Wide-bodied jet），才把它們叫做窄體機（Narrow- bodied jet）。
4. 1970年至今——廣體噴射機和超音速機問世。

至1990年止，全世界曾有1,004家民用飛機製造廠，從製造單一活塞引擎只有一個座位的家庭用飛機，到有4個噴射引擎560個座位的商業客機。

窄體機和廣體機的識別是，窄體機只有一個通道，兩邊

是乘客的座位，廣體機有2個通道，中間和兩邊是乘客的座位。廣體機的頭等艙，中間座有3個，兩邊座位各2個，加起來每排有7個座位，經濟艙中間座位有4個，兩邊座位各3個，加起來每排有10個座位。

以下為重要飛機製造廠的歷史背景。

美國

The Boeing Company, 1915

由Mr. Willian Boeing 和Mr. Conrad Westervelt 組成，第一架飛機B & W 於1916 年6 月試飛，後來接到海軍的訂單，波音公司便迅速發展起來。第一架Boeing 707 噴射機，於1958 年10 月飛渡大西洋。華航和遠航，於民國60 年代用過這種飛機，現在已經全部淘汰。這種飛機噪音很大，國際上很多機場，不准這種飛機起降。波音公司的空中巨無霸——Boeing 747 Jumbo Jet ，於1970 年初投入服務。波音公司1989年出廠的Boeing 747-400 客機，每架 US$ 116,000,000 to US$ 136,000,000 （其間差額美金2,000 萬，乃因不同的引擎和儀器的緣故）。

The Lockheed Company, 1920

由Messrs Allan & Malcolm Lockheed 於20 年代組成。第一架水上機，於1913 年飛渡舊金山灣。所製造的星座機（Constellation ）Lockheed 749 ，於1943 年出廠以後，15 年內銷售500 架，遍行全世界。美國的軍用高空偵察機U-2 ，也是這家公司製造的，能夠在70,000 公尺高空執行任務。一般民

資料來源：長榮航空股份有限公司提供。

用噴射客機，只能飛行於35,000公尺至40,000公尺之間，但是超音速的協和機（Concorde），則可以在50,000公尺高空飛行。

Douglas Aircraft Company , Incorporated, 1928

即McDonnell Douglas Corporation 。第一架DC-1飛機於1933年7月1日首航，DC-3軍用機，又名C-47，曾出售一萬架以上，締造單型飛機銷售量的最高紀錄。第一架噴射民用機DC-8於1958年5月首航，第一批訂單就有105架。1989年出廠的MD-11噴射民用機，每架US$ 84,000,000到US$ 110,000,000。

英國

Vickers-Armstrong（Aircraft）Ltd.

50 年代至 60 年代所製造的子爵機（Viscount），是短程的民用機，適用於島嶼型國家，安全性甚高，出售 500 架以上。

British Aerospace

One-Eleven 是他們最成功的短程噴射機，銷售約 200 餘架，最著名的，莫過於與法國合作製造的超音速協和機（Concorde）客機。這種飛機因為英法兩國政府的保密，沒有市價，於 1975 年由英國航空公司（British Airways）和法國航空公司（Air France）使用，但因耗油量大，又遇到 1980 年的石油危機，於 1980 年停止生產，一共才製造 17 架。這種飛機噪音很大，又有「音爆」的爭議，它們在英法境內，不准以超音速飛行。

法國

Airbus Industries

是由法國、英國、德國、荷蘭和西班牙合作經營的，所製造的空中巴士系列，短中長程都有。自 70 年代的末期，結合政經及科技的力量，直逼美國的 McDonnell Douglas。我國華航及復興航空機隊，一部分就是空中巴士系列。

第二章
航空特性與管理

特性

　　航空運輸是國民經濟的一個重要部門，是技術密集和資金密集產業部門，類同鐵路、公路、內河、遠洋以及管道運輸，均為交通運輸，屬產業的一個層次，即流通領域。航空運輸是在國民經濟和社會活動中，從事運送旅客和貨物的生產部門，它雖不直接創造新的物質產品，不增加社會的產品總量，但它是直接生產過程的繼續，對保持國民經濟，各部門、各地區、各企業間的聯繫、交流，以及促進外交往往發生重要作用。而航空運輸的主要特性可分為：（1）公用性；（2）企業性；（3）生產服務性；（4）準軍事性。

公用性

　　航空運輸是民航的主要內涵，作為社會經濟發展和為大眾服務的運輸工具，具有公用性。乘坐航空運輸工具的人多為本國各個階層的公民。據統計資料顯示，約60%的搭機旅客是從事公務或商業的人員，以「時間就是金錢」、「時間就是效益」為宗旨，要求安全、迅速、舒適的到達目的地從事工作，民航的飛機正滿足了他們的需求。隨著人們時間觀念的增強，民航運輸的發展速度遠高於其他交通工具。由於社會經濟的發展和人民生活水準的提高，旅遊乘客的比率亦逐漸增加。民航運輸正逐漸普及為社會大眾的一種交通工具。

企業性

　　「企業性」指航空公司或機場集團公司正逐步成為自主的商品生產者和經營者。

　　民航的企業性是隨著航空技術的發展和大眾消費水準的提高而逐步形成的。航空運輸發展的初期乃至中期，航空公司和機場必須仰賴政府的財政補貼。隨著經營條件和環境的改善，尤其是航空器的大型化以及市場經濟條件下，航空公司和機場逐步走上企業化的道路，成為自主經營、自負盈虧、獨立發展的法人。以減少國家財政補貼，促進民航事業發展。

生產服務性

　　民航運輸是交通的一個領域，交通運輸是國民經濟的基礎和先導部門。在經營活動中的產、供、運、銷四個環節，如果離開了運輸，經濟活動就無法正常進行。因此運輸業是一個不可缺少的、特殊的生產部門，是生產性和服務性的結合。

　　18世紀後期工業革命之後，因應商品經濟迅速發展的要求，交通運輸工具發生了劃時代變革，輪船替代了帆船，火車、汽車替代了獸力車，本世紀初又出現了有實用價值的飛機，推進了社會生產力的發展，也最終使交通確立成為一個獨立的部門。

　　交通運輸不改變對象的屬性或形態，不僅改變其空間位置，同時使運輸產品的生產過程和消費過程一起進行。突顯

交通安全和質量的重要性，以及交通運輸業生產性和服務性的統一性。

　　一般而言，服務勞動難以物化，不創造產品，例如：旅遊、餐飲、醫療保健、法律諮詢等。而交通運輸要為社會提供安全、正常、舒適、經濟的服務，因而又具有商業服務的性質，是生產性、服務性的結合，具有生產服務性。

　　航空運送人必須公布運輸條件和運價、對任何遵守運輸條件規定和繳付運費的人，都具有同等使用運輸工具的權利。民用機場必須公布飛機起降服務條件和收費標準，對遵守機場起降服務條件規定和繳付費用的航空器，機場應提供同等的服務。

　　又航空運送人和機場必須按規定收取費用，公平對待旅客和航空器，並且負有持續營業的義務。如需停業，則應得到主管機關的批准，並應提前公布，保證旅客和航空運送人不遭受損失；不允許航空運送人收取高額票價或給予支付高額票價者以特權，例如：優先購票權，航空公司亦不能挑選購票者，把機票售給出高價的旅客。

準軍事性

　　民航的準軍事性顯現在潛在軍事性和預備性兩方面。潛在的軍事性，即民航的飛機、機場和空地勤人員都是未來戰爭中的軍事運輸設施和實力。由於飛機的快速性和機動性，使民航在戰時軍事運輸中的作用更為突出。1990 年波斯灣危機和以後的波斯灣戰爭中,美國國防部抽調近 200 架大型民用飛機，在極短時間內，從美國本土和西歐向波斯灣地區運送了 20 萬作戰人員及相應的裝備、彈藥。

預備性，就是在和平時期，民航進行商業航空活動，為經濟發展和促進大眾交通服務，建立適當的組織和制度，以保證在發生戰爭或緊急狀態時，可隨時服從軍事部門調遣，或完全轉為戰時軍事運輸體制。對此，各國頒佈的航空法都有明確的規定。美國「聯邦航空法」第302條規定：「局長應與國防部及其它的有關政府機關協商，草擬出聯邦航空總署在戰時如何有效地履行職責的計畫，並應於1960年1月1日前向國會提出該項立案」。此後，美國總統頒佈第11161號命令，規定聯邦航空總署保有適當的應變能力，在戰時由國防部接管，成為國防部的一個部門。

管理

民航管理是政府對民用航空事務的管理。從管理層次上分民航管理包括：民航行政管理、客貨運輸管理、安全管理等。從管理內容上又可分為：航空器管理、機場管理、航空運輸管理等。其制度亦分為下述各項。

民航行政管理權集中於中央政府

美、英、法、德、日等國政府認為，民用航空的國際航空運輸管理涉及外交、國防，管理權應集中於中央政府，地方政府無權干預。國內航空運輸管理側重在三方面：（1）航空公司進入、合併、退出和航線、航班及業務競爭的管理；（2）運價和收入的管理；（3）安全和雜項的管理。這三方面的管理職責也集中於中央政府，因為州（省）內航線甚少，

州（省）級政府的管理職責亦甚少。在上述原則指導下，各國均在中央政府機構設立民航管理機構，州（省）級不設民航管理機構。

大陸因幅員廣大，亦採中央集中管理制，並由民用航空總局為國務院主管全國民航事務的職能部門，對全國民航實施行業管理。主要職責有：研究制定發展全國民航事業的方針、政策和戰略；擬定民航法律、法規草案，經批准後監督執行；制定發布民航規章；制定民航體制改革規劃和實施方案並綜合協調和組織實施；制定民航中長期發展規劃和年度計畫；制定民航運輸網路、機場配置和機隊規劃；對直屬企業的經濟活動和國有資產進行監督管理；管理運輸航空、通用航空（註：我國稱之為民用航空業、普通航空業）市場秩序；編制直屬單位的固定資產投資年度計畫；審批或報批限額以上基礎建設投資項目；編制全國用機場建設規劃，審批民用機場總體規劃，頒發或吊銷民用機場使用許可證和軍民合用機場對民用航空器開放使用的批准等；審批頒發或吊銷民航事業的經營許可證；按規定調查處理飛行事故；防範和處理非法干擾民航安全的重大事件；負責民用航路的建設和管理；實施民用航空飛航管制；頒發或吊銷飛航人員執照；負責民用航空器適航管理；負責民用航空飛行技術管理；代表國家對外進行航權談判和簽約，參加國際民航組織活動，參與涉及民航事務的國際組織和多邊活動；監督外國民航運輸業境內的業務活動及維護國家航空權益等。

不允許對航空運輸有直接影響的部門開辦民航運輸事業

　　美、日、德等國都訂有反壟斷法及其他法律，限制對航空運輸有直接影響的部門開辦民航運輸業。美國民航運輸業發展的初期（20 年代），航空製造業利用本身的優勢紛紛成立航空公司，例如：波音公司、惠普發動機公司共同組成聯合飛機運輸公司；萊特和寇蒂斯兩家飛機公司組成橫貫大陸航空運輸公司；福克飛機公司等組成西方捷運公司；費爾柴爾德飛機公司組建航空有限公司。這些由航空製造業開辦的航空公司在發展航空運輸方面起了一定作用，但卻形成航空製造業壟斷民航運輸業和飛機製造公司控制航空公司採購飛機的局面。1932 年羅斯福總統上台執政，即著手整頓民航運輸業，1934 年頒佈航空郵運法。該法規定：航空控股公司、航空製造業需與航空公司分開，航空運價、航路安全和航郵契約分屬三個機構管理。根據該法，那些由航空製造業組建的航空公司各自分開，例如：波音公司、惠普發動機公司組成的聯合飛機運輸公司分出來後成為獨立的聯合航空公司。接著 1938 年，羅斯福總統又簽署了民用航空法，該法規定鼓勵自由競爭和對競爭進行控制，這種有控制的自由競爭政府，使得以後美國民航運輸業的發展，逐漸走上坦途。此外，美國現行的「聯邦航空法」第 408 條 A 款關於違法行為，規定從事航空的任何其他方面的人透過價購、租借或契約來經營航空運送人財產或財產的大部分，均屬違法行為；反之亦然。德國、日本等則通過制定「卡特爾法」、「禁止壟斷法」等，來限制其他與民航運輸業有直接關係的行業兼併、開辦或控制民航運輸企業。

一般而言，航空公司可以投資機場的客、貨運設施。多數情形下，航空公司不得參與機場整體管理，更不得控制機場。

對民航運輸業實行管理但逐步減少財政補貼

由於考慮到航空運輸具有公用性和準軍事性，當航空公司、機場因承擔公益性、軍事性運輸任務而出現政策性虧損時，由政府按有關規定給予一定數額的財政補貼，這種財政補貼，在航空運輸發展的早中期，各國均一律如此。例如：美國，對國際航線的財政補貼至1956年才停止，而對阿拉斯加、夏威夷及偏遠社區的航線和機場，按聯邦航空法第1601條B款之規定，享受地方政府的財政補貼由運輸部承辦。如果不給財政補貼，航空公司就要停飛這些航線，機場可能關閉，對當地經濟發展和居民生活會造成損害。法國規定，航空公司在遵照國家總體目標的政策下虧損時，政府應按規定的數額給予補貼，超虧部分由企業用自有資金彌補，或向銀行貸款。近年，美國通過放寬對民航運輸業的管制，使航空公司獲得更多的經營自主權，而逐步減少對支線航空公司的補貼。美、加、澳等國通過允許機場當局經營盈利多的金融業、房地產業、動物園等來彌補虧損，並使之獲得盈利；對多數機場，仍由中央或地方政府（或議會）給予財政補貼。

運價由國家管制監督

在市場經濟條件下，商品價格由市場來確定。資源流動則受價格配置。對於具有公用性的民航運輸，國內航線運價

即收費標準，各國均採取由政府監督的政策。政府在審核航空運價時，既要考慮運輸成本和市場機制，同時要考慮公眾對運價變動的承受能力。美國在放寬民航運輸業的管制後，仍規定國內航線運價若上漲5% 以上，須經運輸部核准。國際航線運價，除北大西洋地區航線外，各國多受國際航空運輸協會（IATA）運價機制的約束。

與軍方合作

由於民航的特殊性，各國均採取措施或通過立法，促進民航和軍方建立合作關係，軍民航合用機場，例如：美國，通過簽訂契約，軍方有20 多個軍用機場供軍民航合用。軍民航在空中交通管制方面的合作形式因國家不同而異。建立民航承擔軍事運輸任務以及轉為戰時運輸體制的制度和組織，許多國家是通過頒佈航空法令來實現。軍民航問題的協調和解決，各國採取不同的辦法，例如：美國根據總統第1100 · 2B 號命令，聯邦航空總署署長代表聯邦航空總署作為運輸部的一個機構，與總統、國會、航空界、其他政府機構保持聯繫，對重大問題以及特殊政治性的問題可單獨採取行動。法國則建立民航與軍方的分層聯繫協商制度，重大問題由運輸部長、國防部長協調，如仍有歧見，則由總理裁定。

普通航空之發展與特性

民用航空可分為民用航空運輸及普通航空（大陸稱為通用航空）兩大類。前者（民用航空運輸）主要係對社會大眾提供運輸服務。可分為定期、不定期二種；後者（普通航空）則指航空運輸與其他產業之結合。（詳見**圖** 2-1）

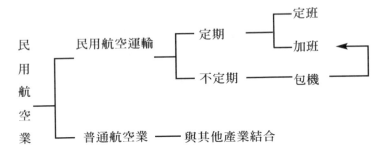

圖 2-1　民用航空業之區分

　　第一次世界大戰結束後，若干國家陸續將飛機應用於工農業生產，才正式揭開普通航空業的序幕，例如：美國於1918 年第一次用飛機噴灑農藥滅棉蟲；紐西蘭於1924 年第一次用飛機噴施化肥；義大利於1936 年首次在首都上空進行空中攝影。直至第二次世界大戰結束前，世界普通航空仍發展緩慢。二次大戰結束後，世界經濟處於相對穩定發展之中，戰爭促進航空技術的發展及戰後大量生產飛機，才爲普通航空的崛起鋪平道路。國際民航組織（ICAO）直至60 年代後期才賦予普通航空一個比較確切的定義：定期和不定期商業航空以外的民用航空活動稱爲普通航空。由此可見，普通航空的範疇十分廣泛。國際民航組織的主要職責是透過制定規章標準，來促進國際民用航空的安全、順利發展。普通航空基本上不涉及國際間飛行，因此，國際民航組織每年僅公布普通航空飛行小時，普通航空均由各國自行管理。

　　普通航空的基本特性可歸納爲：（1）廣泛性；（2）分散性；（3）突然性。

廣泛性

涉及人民的文化、娛樂、體育和國民經濟各部門，範圍十分廣泛。在美國，普通航空涉及農業和滅火飛行（聯邦航空條例第91部）、氣球飛行（第101部）、超輕型航空器飛行（第103部）、吊掛飛行（第135部）、學校飛行（第141部）以及通勤飛行（第23部）等。

分散性

航空器分散於個人、企業、事業單位所有；作業飛行遍及高原、平原和海洋；飛行高度涉及超低空、低空和高空；飛行時間從春到冬，有些項目例如：航空熱紅外線掃瞄和微波輻射，需在夜間飛行。

突然性

即普通航空作業飛行具不可預見性。例如：搶險救災、森林滅火、防治農林業病蟲害等。

普通航空的分類

普通航空為第三產業之服務業，涉及國民經濟各部門，細分為：（1）農業航空；（2）工業航空；（3）林業航空。

農業航空屬技術服務業

在美、澳等國，農業飛機是農業機械的一部分，農業航空已與種植業有著密不可分的關係。大陸新疆生產建設兵團等農業單位已有農業航空服務隊和農業試飛站，類似於日本農村中普遍存在的農業服務隊。

航空探礦、航空攝影、航空遙感等工業航空屬工業技術服務業

在美、澳、巴西等國，許多工業航空項目為工業部門所擁有。美國、巴西、大陸的地質探勘機構大多擁有或與工業部門聯合組織航空探礦和攝影、遙感飛機，使這些工業航空項目與生產結合。

林業航空包括航空護林、防火等

在加拿大，林業航空隸屬林業部門。50年代前期，大陸林業部門也有自己的林業飛機。至於體育、科學試驗飛行這些普通航空項目，大陸亦將其隸屬相關部門，例如：國家體委會有許多航空體育學校、航空滑翔學校；中國科學院則有自己的試驗用飛機。

使普通航空與服務的生產部門結合，是發展普通航空的必然途徑，這是由普通航空的產業屬性和它的作業特性決定。因此，為促進普通航空的發展，根本途徑是進一步開放，充份發揮地方生產部門的積極性，結合個別的特點去興辦普通航空。尤其不能將有關航空運輸的組織及法令制度全盤強加於普通航空。

世界各國對普通航空的管理，基本上採取分散、小型化的管理形式，這是由普通航空基本點決定的。例如：美、加、澳、紐等國，各類型普通航空業遍及全國。農業飛機屬農場所有，工業飛行航空則為機關、企業和個人所有，大量的普通航空器為個人私有私用。在英國，根據航空法，除航空攝影外的普通航空業務則分散由公民營公司或個人承擔。

我國因經濟發展，相關產業利用航空快速運輸功能的需求增加，展望未來，普通航空之發展，勢不可免。如何釐清普通航空與民用航空運輸之區別，健全普通航空的組織體制、促進普通航空之飛航安全，實為刻不容緩。

第三章
我國之民航

大陸時期

　　我國領空初有飛機，始於前清宣統元年，即西元1909年，法國航空技師范郎之在上海試演。宣統2年，我國始自購飛機一架，設置飛機場，從事試驗。民國2年試行開辦航空學校，民國5年著手教練水上飛機之飛行。民國8年交通部設立籌辦航空事宜處，國務院亦設航空事務處，民國9年籌辦航空事宜處，歸併於航空事務處，民國10年復改組為航空署。先是國務院航空事務處曾籌闢自北京直達上海之航空線，惟以事屬初創，全線通航，一時不易辦到，故延至民國10年7月1日由北京濟南段開始飛行。所用班機，一名「舒雁」，一名「大鵬」。開航後，以時局不靖，未能按期往來，至同月10日即告停駛，此極短時期之京濟航空，雖屬曇花一現，實為中國民用航空史上之始頁。

　　民國19年（1930）我國與美國泛美航空公司合資設立中國航空公司於上海。我方佔55％，美方佔45％。由兩國人員共同經營。至1937年七七事變為止，已陸續開闢了滬蜀、滬平、滬粵、渝昆及廣河五條航線。1930年亦和德國漢森航空公司合資組設歐亞航空公司，我方佔2／3，德方佔1／3。公司原計畫自上海取道外蒙古以達德國首都柏林。試飛雖已成功，但因當時中俄兩國政治方面未能協調，沒有實現。暫改飛國內西北方面的航線，有滬蘭、平粵、蘭包和陝滇四條航線。

　　1933年，廣東省政府聯合廣西、福建、貴州和雲南四省合設西南航空公司，由各省貼補開支，至七七事變止，僅經

營廣龍及廣瓊兩線。抗戰以後，中國及歐亞兩航空公司遷往內地，西南航空公司停辦。廣州淪陷後，我對外已無海路可通，爲了維持國際交通，我國自派飛機辦理重慶至新疆哈密線，中途設站有蘭州、肅州，每星期往返各一次。1940年我政府又與蘇聯中央民用航空總管理處合股成立中蘇航空公司，維持中蘇交通航線由哈密經迪化、伊犁至蘇聯的阿爾馬阿圖（Alma Ata），長1,415公里。

在台時期

　　1941年12月，中國向德國宣戰，歐亞公司收歸國有。1943年3月，歐亞公司改組爲中央航空運輸公司。1945年抗戰勝利後，中央及中國兩公司添置飛機，恢復以往路線，中國航空公司更開闢中美航線。政府遷臺後，初賴民航空運隊的飛機，維持臺灣國內及香港等地的空中交通。1951年5月，復興航空公司成立，經營國內不定期包機。1957年10月，遠東航空公司成立，經營臺北至高雄定期客運班機。後來擴充經營臺北至高雄、臺北至花蓮、臺北至馬公三定期航線。我國最具規模的航空公司，是1959年9月成立的中華航空公司。經營國內外定期及不定期客貨運輸、國外租機、飛機修護，並代理其他航空公司在臺業務，有新型噴射客機及現代設備。並於1970年2月開闢中美航線，由臺北經東京至美國舊金山以及洛杉磯。至於歐洲航線，華航已於1982年5月10日開闢臺北至盧森堡貨運航線。另有台北至荷蘭、德國、奧地利以及台北至南非之客運班機。
　　至1992年，我國籍航空公司已有14家。其中，中華航空

擁有機隊34架、長榮航空公司（1989年3月成立，1990年7月開航）、華信航空公司（華航子公司），其他如復興、遠東、立榮、瑞聯最近亦加入營運國際航線，遍及17個國家，28個城市。而依航約協定或交換航權協議來華營運航空客貨運班機的外籍航空公司共有22個國家，約30個航空公司。

　　台灣地處太平洋西岸，亞洲大陸邊緣，連結東北亞及東南亞，居於民航運輸之樞紐地位，為世界上最著名且最繁忙的黃金航線。A－1航路貫穿其間，台灣地位之重要性更顯突出，尤以近年國際貿易快速成長，政府大力發展國際觀光旅遊，繼受政府「開放天空」、「開放大陸探親」等政策影響，我國民用航空事業已呈空前蓬勃發展之景況。

　　現階段我民航事業發展之方向如下述。

加強拓展航權

1. 目前已完成修訂的航約為：「中馬」、「中星（新加坡）」、「中杜（拜）」、「中泰」、「中韓」（目前停飛）、「中菲」、「中汶（萊）」、「中斐（南非）」及「中印（尼）」、「中盧（森堡）」等。需持續辦理者尚包括「中港」、「中菲（律賓）」、「中日」、「中荷（蘭）」等航約。
2. 為強化我國與無邦交國家之經貿關係，已爭取中奧（奧地利）、中加、中越、中澳（洲）、中紐（西蘭）、中保（加利亞）及中馬（拉威）及中拉（脫維亞）、中英、中德以及中法航約之簽署。目前正積極拓展對歐洲、南美洲、大洋洲以及非洲地區之航權。

資料來源：中華航空公司提供。

加強民航營運

國際航線

1. 依據雙邊空運協定，外籍航空公司來我國營運者共計28家，本國籍航空公司有中華、長榮以及華信等3家。
2. 依據民用航空運輸業管理規則，凡經營乙種民用航空運輸業3年以上，達到一定標準可申請經營：乙種民用航空運輸業，目前復興、立榮、瑞聯等3家航空公司已奉准經營國際包機業務。

資料來源：復興航空運輸股份有限公司提供。

國內航線

1. 自76年底「開放天空」政策後，目前營運國內航線之航空公司計有：中華、遠東、國華、台灣、復興、立榮、大華、瑞聯等8家，另有亞太、中興、大鵬、金鷹等4家經營普通航空業，從事漁業、農噴、空照以及空中拖靶等業務。

2. 為拓展航空貨運服務業務，航空貨運承攬業之設立申請，現已核准設立業者：甲種186家，乙種427家；實際登記者：甲種154家，乙種384家。

3. 因應經濟國際化、自由化政策以及空運貨物之持續成長，開放民間業者籌設機場外航空貨物集散站、經營航空貨物裝拆盤櫃以及倉儲業務。

由於機場面積有限，爲充分發揮運輸功能，交通部乃參照日本成田機場，積極推動機場外航空貨物集散站之設立，將原在機場通棧辦理之貨物裝（卸）盤（櫃）、通關、倉儲工作，延伸至內陸辦理，以增加機場轉運倉容，並分散通關，加速進出口貨物通關作業。

加強場站建設

1. 中正國際機場第二期航站區工程：主要爲興建第二期航站大廈、停機坪、道路以及停車場等項工程，預計民國85年6月完成。
2. 高雄國際機場拓建計畫第二期工程：主要爲興建國際航站大廈、停機坪、貨運站以及維修區等項工程，預計民國84年6月完成。
3. 金門尚義機場民航站區工程：主要爲新建航站候機室、停機坪、道路以及停車場等項工程，預計於民國83年6月完成。
4. 蘭嶼、綠島機場擴建工程：該二機場主要均爲塡海造地延長及加寬現有跑道等項擴建工程，均預計於民國83年6月完成。綠島機場之跑道擴建於民國81年6月提前完成，並開放中型機起降營運。

充實航管與助航設備

1. 航管系統十年發展主計畫：本計畫計有8項子計畫，目前已完成6項，僅餘航路及終端自動化系統兩項子計畫繼續辦理中，預計於民國83年6月完成全部計畫。

2. 籌建兩座航路雷達，已完成台址勘測，即將於本省東北部三貂角以及南部鵝鑾鼻兩處空軍現用土地上架設。
3. 新建金門機場導航設施之左右定位輔助台（LDA）及測距台（DME），已完成台址實勘。
4. 中正、高雄及台中等三處終端雷達換裝計畫現順利進行中，預計於民國82年9月完成。

加強民航安全作業

為確保我國飛航情報區內飛航安全，依年度計畫實施飛航測試、飛航以及機務查核，以加強航空公司飛行及維護作業，發現缺失均專案函請各航空公司改進，並實施追蹤查核。

推展空運中心

台灣位居亞太地區之要衝，政治穩定、經貿發達、飛航服務品質優良，加以中正機場之良好設備，配合未來高雄國際機場之擴建計畫，南北呼應，構成亞太地區空運中心優良條件。是故加速發展中正、高雄兩國際機場二期擴建工程，創造更有利條件，以促使我國成為亞太地區空運中心，為今後努力之目標。

第四章

民航之組織

美國民航組織

美國航空業競爭激烈，關於航線、運費及其他營運實務都由聯邦政府管制，或由政府立法管理。與航空立法有關的兩個聯邦單位：一為民用航空局（CAB; Civil Aeronautics Board），另一為聯邦航空署（FAA; Federal Aviation Administration）。

1938年民航法案促使CAB於1940年成立。現今的航空運輸系統之成長，CBA之功勞很大，它刺激發展具競爭性的航空旅運，同時訂定法規以約束之。1958年制定的聯邦航空法案（Federal Aviation Act），也具有與民航法案同樣之效果，這個法案由CAB及FAA分頭執行。

美國政府於1966年成立交通部，將原先獨立的FAA合併在內，1976年正式辦公，但FAA對於有關飛行安全的事務仍具有自由裁量權。民用航空局（CAB）負責核運費、票價及審查航線。另有五人小組，由總統提名，為獨立向國會負責的單位。CAB權責還包括：對運費、航空盈餘、飛航服務等事項之調查管理。

票價均由航空公司訂定，但運費價目表需經CAB的認可，CAB可以駁回或核准航空公司自行訂定的價目表。CAB也可以自訂一套概略性的票價表，不過這個嚴格規定通常要經過冗長且花費不貲的調查或公開聽證。因此，CAB多採非正式地公布其所認為合理而較有彈性的運費原則，然後由航空公司在此原則之下，個別訂定其運費。

聯邦航空署（FAA）負責全國所有民航業務及貨運的督導，訂定有關民航機的飛航標準，凡是有關民航機的設計、製造等都有嚴格規定；另外，也負責檢查美國國內每架民航機之飛航性能發給執照，每一個新機種在問世之先，必須先獲得機型執照。

FAA 也職司飛航管制台及飛航輔助設施的操作，同時對其設立的航線系統之交通流量加以限定——每兩架飛機飛行中，飛機必須相互保持4.8公里距離，以及相互間有305公尺以上的高度差。FAA 也制定飛行員的資格；其稽查員定期地對飛行員實施測驗，測試其飛航技術。

FAA 的另一重要功能為制定飛機維修和檢驗的標準。由於引擎有其一定的壽命，何時應作何種檢查、最多使用多少小時之後應拆下來維修、甚至換個新引擎，均有詳細的明文規定。由於新型引擎的可靠度日益提高，FAA 及航空公司不再像以前一樣規定嚴格定期翻修引擎，而改採一套新的飛航可靠度計畫，使引擎及全部機身之安全可靠性之審查標準，皆涵蓋在內。

我國民航組織

二次大戰後，各國空運事業迅速擴張，航線先後延伸我國境內。國際民用航空公約於1944年在芝加哥簽訂後，亦有國際民用航空組織之設置。而國內民航業務，當時亦呈突飛猛進之勢。政府為配合時代需要，乃於民國35年12月開始籌設民用航空局，民國36年1月成立，並公布交通部民用航空局組織條例。該局設置之任務，在規劃建設、經營管理民用航空事業。

民用航空局的主要職責如下：

◇航空器如需在軍用飛行場降落，或利用軍用航空站設備時，應由航空器所有人申請民航局轉請軍事航空機構核准。

◇航空器應由所有人向民航局申請登記，經審查合格後，發給登記證書。

◇領有登記證書的航空器，應由所有人向民航局申請檢定；檢定合格的，發給適航證書。

◇登記證書或適航證書失效時由民航局公告作廢。

◇已登記的航空器，如發現不合規定，民航局應撤銷其登記。

◇航空器、航空發動機、螺旋槳、航空器各項裝備及備用零件的製造修理場所，應向民航局申請檢定。經檢定合格後，方可營業。檢定規則由民航局訂定。

◇航空人員經檢定合格，由民航局發給執業證書、檢定證及體格檢查合格證後，方得執行業務。

◇民航局對於航空人員的技能、體格或性行，應為定期檢查，並得為臨時檢查。經檢查不合標準時，應限制、暫停或終止其執業。檢查標準，由民航局訂定。

◇省、市、縣營航空站及飛行場，由省、市政府或法人向民航局申請。

◇航空站及飛行場，非經民航局核准，不得兼供他用。

◇國內助航設備，由民航局統籌辦理。

◇飛航安全標準，由民航局報請交通部核定公告。

◇特種飛航，應先申請民航局核准。

◇飛航前應受民航局所派技術人員監督並檢查。

◇經營民用航空運輸業，應向民航局申請。核准後發給民用航空運輸業許可證。

◇民航局於必要時，得檢查民航運輸業的營運財務狀況及其他文件。

◇民航局為應公共利益的需要，得通知民航運輸業修改或增闢指定航線。

◇外籍航空器或外籍民航運輸業，如在國內定期飛航，應先向民航局申請核發航線證書。

◇航空器失事時，民航局應進行調查。情節重大，得會同有關機關組成臨時機構調查。如涉及軍用航空器，應與軍事機關會同調查。如涉及外籍航空器，民航局得許可該航空器登記國派員協同進行。

國際民航組織

自從民航事業隨著飛機的進步日益發達以後，各國在民航方面，必須密切聯繫，加強合作。美國首先於 1944 年在芝加哥召開國際民航會議，有 52 個國家參加，簽訂國際民航公約（Convention on International Civil Aviation），後為執行這個公約，於 1945 年組成國際民航組織（International Civil Aviation Organization，簡稱ICAO），由各國政府派代表組成，中國被選為常任理事。又由各國飛行國際的航空公司，聯合組成國際航空運輸協會（International Air Transportation Association，簡稱IATA），解決和消弭彼此間的共同問題，並與ICAO配合，協力增進國際民航的合作。

該兩個國際組織成立以後，使得世界民航順利進展。主要的成就有：

◇建立各國和平交換空中航權。
◇實施聯運，憑一家公司所填發的飛機票，可以通行全世界各地。
◇簡化飛機進入時所有海關、移民局、檢疫所、以及其他手續。
◇統整各種表格單據，節省人力、物力。
◇規定各飛機場的導航、通信、氣象、情報等設備，以及空中交通管制系統。
◇編印國際民航語彙。
◇鼓勵各國改進飛機的性能。

IATA 之主要特點，在使旅客持一家公司之機票可旅行全世界各地，乘坐參加航協或簽署多邊協定各國航空公司之飛機，均可獲得良好之服務。如無此組織，則旅客每至一地，可能均需至當地航空公司購票，而無此便利。此即該會會章中所稱「為世界人民之利益，促進經濟、安全、可靠之航空運輸」。

凡參加航協之會員航空公司，均可開發相互間所經營航段之機票。非會員而志願參加航協多邊協定者亦同。一經使用之機票可透過設於英倫之航協清帳所（IATA Clearing House），每半個月交換清帳一次。故各會員公司之營業處無形中大增。同業間不僅有互助推銷之功，沖帳時亦無需現金，對各公司營收資金之周轉亦可加速，堪稱互惠便利。

第五章

民航之航權

近年來，由於我國經濟蓬勃發展、市場活絡，以及文化交流、觀光探親之需求，航空運輸成了最便捷快速的交通工具。此亦縮短了國與國之間時空的距離，將世界縮小成一個名符其實的地球村。

雖然航空運輸帶給我們安全、舒適，給予人類莫大「行」的方便，並加強了互動關係，惟航空運輸是不同於其他海陸交通，有其特殊性。因為航空器在空中飛行，必須事先獲得所飛航經過航線有關國家的同意，且需沿途接受航行管制（Air Traffic Control）。對於有關國家必須同意的航線，這就是「航權」的問題。

定義

國際空運業務是領空權的讓步（concession），亦是允許外國航空器進入本國領域作營運活動合作的讓步，亦為一種特權（privilege），或稱之本國航空器在外國領域活動的一種自由（freedom）。這些特權或自由，我們稱之為「航權」。

特性

國家的航權

航權是國家主權的一部分，為了換取本國航空器在外國領域航行的自由，地主國須作出主權讓步，這些作業只有政

府有權處理。若是無邦交國家，則經常透過航空公司與航空公司交涉的方式，來進行航權交換。但這並不表示航空公司擁有任何航權，畢竟航權為國家所有。

航權重於外交

航權交換必須經過雙邊協定，在無邦交的國家，可透過適當的安排，來取得航權交換的協議：如果沒有雙邊協定，縱使有邦交也無法開闢國際航線，所以國際上往往可以中斷邦交，卻不願意廢棄航權協定。

模式

國際民航運送業務，將航權分為五種模式，所有的國際民航運輸交換航權協定，均不出這五種模式。若獲准執行這五種基本模式的特權，可稱謂「五項自由」（Five Freedom），或者謂之「五大航權」。

1. 僅飛越外國領空，而不作著陸（The Privilege to fly across its territory without landing），稱為「第一自由」或「飛越權」（Right of Over- flight）。
2. 為非商業目的而降落於外國（The prevail to land for non-traffic purposes）稱為「第二自由」或「技降權」（Right of technical Landing）。所謂非商業目的（non-traffic purposes non-commercial purposes），係指非為商業目的（例如：裝卸客貨等），而為技術目的（例如：加油或檢修等）所作的著陸。

3. 在本國裝進客貨，而運至外國卸下（The Privilege to put down passengers, mail and cargo taken an in the territory of the state whose nationality the aircrew possesses），稱爲「第三自由」或「卸貨權」（right of unloading）。

4. 在外國裝進客貨，而運回本國卸下（The privilege to take on passengers, mail and cargo destined for the territory of the state whose nationality the aircrew possesses），稱爲「第四自由」或「載貨權」（Right of loading）。

5. 在外國裝進客貨，運至第三國卸下（The privilege to take on passenger mail and cargo destined for the territory of any other contracting state and the privilege to put down passengers, mail and cargo coming from any such territory）稱爲「第五自由」或「延遠權」（Right of pick-up）。

　　除了以上五種基本模式外，隨著國際民航事業的發展，最近又衍生出來另外兩種特殊的航權，分別稱爲第六自由與第七自由。

　　第六自由可以界定爲：在不同的雙邊空運協定下，第三、四自由的結合；主要是爲長程的航線接駁中程的運量而設。以荷蘭航空公司（KLM）所經營的紐約——阿姆斯特丹——法蘭克福航線爲例（如下圖），該航線即是結合荷蘭與美國協定的紐約——阿姆斯特丹的第三、第四自由及荷蘭與西德協定的阿姆斯特丹——法蘭克福的第三、第四自由而成。

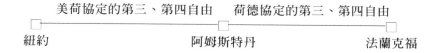

〔荷蘭航空公司紐約──阿姆斯特丹──法蘭克福航線的航權〕

美荷協定的第三、第四自由　　荷德協定的第三、第四自由

紐約　　　　　　　　阿姆斯特丹　　　　　　法蘭克福

　　至於第七自由則是指本國航空器以外國為起點，經營除本國以外的國際航線。事實上，空中自由並不存在；因為世界各國為保護其領域上空的絕對主權，以及本國航空公司的營運權益，通常都對這些空中自由的授予加以嚴格控制；必須透過雙邊談判，基於平等互惠的原則，交換所需要的自由。將其稱為「航權」，以切實際。

航權拓展要靠實力

　　過去我國對外拓展航權，囿於外交上的困境，一直難有重大的突破。現在則由於經貿快速成長，兼以地理位置優越，在世界各航空業者皆看好亞太市場的情況下，許多國家紛紛試探與我通航的可行性。由於來台投資機會的誘因，以及我國每年急劇成長的出國旅遊人潮與高消費能力，使我國在對外航權談判時，握有足夠的籌碼；此外，我國目前的外匯存底八百餘億美元，高居世界排名第二。這些都是我國拓展航權、立足世界的實力，應該善加利用。在航權談判過程中，我們曾經展現過幾次實力，令國人大快人心。例如：中澳通航後，澳洲仍堅持在我國旅客的護照上加蓋歧視我國的文字，經過堅持與努力爭取，澳洲終於通知我方取消該戳記。這是澳洲對其14個無邦交國家，首次取消該戳記，為我國航權外交贏得最漂亮的一仗。

而在中加航約簽訂後，亦發生同樣情形。加拿大原本同意我國設立辦事處，可是到了加航開航時還不兌現，於是加航首航班機變成不能上下客的「技降」性質，加拿大在經濟考量下，終於同意我國設處。

汶萊航空公司一直單獨經營中汶航線，卻仍嫌班次不夠，希望增加。我方乃伺機要求將航約改為多家指定，並提升民航局層次，汶萊原本不答應，最後還是屈服。

這些例子清楚地告訴我們，航權外交講的是實力，正因為我們有實力，過去斷交即斷航或廢約的局面，已不復見。現在鮮少有人敢再向我既有航權挑戰；這從民國78年7月以後即未曾再有任何國家中止與我航約，可以得到證明。

國際間只有利益，沒有真正的友誼

中澳航約簽訂後，澳洲遲遲不履行提升我駐澳辦事處地位的諾言，交通部遂擱置其開航申請。澳洲政府一度表示不滿，並謂已漸失耐心。但是澳洲工商旅遊界卻對該國政府的態度反應激烈。他們指出，台灣是亞洲第二富裕且最具潛力的市場，澳洲與台灣加強關係，只有好處沒有壞處，尤其中澳通航後，估計可為澳洲帶來十數億澳元的利益。昆士蘭省主要的報紙在9月3日的第一版就以「十億元的侮辱」為題，指責澳洲政府不該為了在我國人民簽證上的戳章，而損失台灣方面對澳洲十數億元的投資與消費。結果，澳洲政府不但取消該戳記，並且向位於瑞士日內瓦的關稅暨貿易總協定（GATT）秘書處表明，支持我國加入的立場，以實際行動來表達中澳關係的增進。

澳洲人民不是為了支持我國而要求通航，澳洲政府也不是為了承認我們才取消該戳記，澳洲人民與政府都是為了利益向我們的實力低頭，也說明了「實力」在國際事務中的重要性。我國與外國簽定航約如**表**5-1。

表5-1　**我國與外國簽定航約**

編號	協定名稱	簽訂日期	有效日期	簽約人	效力
1	關於開闢中國西南緬甸通航換文	28. 1.24.	37.	我國與英國政府	失效
2	中蘇航空協定	28. 9. 9.	38.10. 3.	我國與蘇聯政府	失效
3	中印(度)航空協定	31. 4. 2.	39. 1. 6.	我國與英國政府	失效
4	關於中越(南)航空線臨時辦法換文	35.12.14.	44.	我國與法國政府	失效
5	中法臨時商業航空協定	35.12.16.	53. 2.10.	我國與法國政府	失效
6	中美空運協定	36.12.20.	69.11.14.	我國與美國政府	失效
7	中英空運協定	36. 7.23.	39. 1. 6.	我國與英國政府	失效
8	中暹(羅)空運協定	36. 7.23.	39. 1. 6.	我國與英國政府	失效
9	中荷空運協定	36.12. 6.	43.	我國與荷蘭政府	失效
10	中菲臨時空運協定	39.10.23.	64. 6. 9.	我國與菲律賓政府	失效
11	中泰臨時空運協定	40. 9.29.	64. 7. 1.	我國與泰國政府	失效
12	中韓臨時空運協定	41. 3. 1.	75.11.14.	我國與南韓政府	失效
13	中日空運臨時協定	44. 3.15.	63. 4.24.	我國與日本政府	失效
14	台港交換航權協定	46. 6.11.	48. 6.30	民航空運公司與香港航空公司	失效

續表 5-1

編號	協定名稱	簽訂日期	有效日期	簽約人	效力
15	台港交換航權協定	48. 6.26.	54.12.31.	民航空運公司與國泰航空公司	失效
16	中寮空運臨時協定	51. 7. 6.	64.	我國與寮國政府	失效
17	中盧臨時空運協定	52. 7.19.	61.11.16.	我國與盧森堡政府	失效
18	台港交換航權協定	54.12.31.	59. 9.30.	華航及空運公司與國泰航空公司	失效
19	中星馬交換航權協定	55. 2. 1.	56. 1.13.	我國與新加坡及馬來西亞政府	失效
20	中星交換航權協定	55. 2. 1.	66. 3.16.	我國與新加坡政府	失效
21	中越臨時空運協定	55. 8.19	64. 4.28.	我國與越南政府	失效
22	中馬航權交換協定	56. 1.13.	61.10.31.	我國與馬來西亞政府	失效
23	中黎空運臨時協定	57. 7. 5.	60.11.10.	我國與黎巴嫩政府	失效
24	中印(尼)空運協定	58. 8.15.	77.11.17.	雙方民航局長	失效
25	台港交換航權協定	59. 9.30.	76. 7. 1.	華航與國泰航空公司	失效
26	中馬航權交換協定	61.10.31.	71. 4. 1.	華航與馬來西亞航空公司	失效
27	中棉空運臨時協定	62. 4. 2.	64.	我國與高棉政府	失效
28	中約臨時空運協定	64. 1. 3.	66. 4.14	我國與約旦政府	失效
29	中泰交換航權瞭解備忘錄	64. 6.25	79. 1.22.	華航與泰國航空公司	失效
30	中菲交換航權協議備忘錄	64. 6.25.	79.10.31.	華航與菲律賓航空公司	失效
31	中日關於維持民間航空業務之協定	64. 7. 9.	永久有效	亞東關係協會與日本交流協會	有效
32	中諾(魯)航權協定	64. 8.16.	永久有效	雙方民航局長	有效
33	中星航權交換協定	66. 3.16.	78.10.20.	雙方民航局長	有效

續表 5-1

編號	協定名稱	簽訂日期	有效日期	簽約人	效力
34	中沙空運協定	66.4.17	永久有效	我國與沙烏地阿拉伯政府	有效
35	中盧交換航權協議	67.5.5.	73.12.13.	華航與盧森堡航空公司	有效
36	中黎航權交換協定	68.11.23.	永久有效	華航與黎嫩地中海航空公司	有效
37	台琉定期班機協定	69.2.1.		華航與日亞航	有效
38	中美空運繼承協定	69.3.9.	永久有效	北美事務協調會與美國在台協會	有效
39	中斐雙邊空中運輸業務協定	69.3.12.	永久有效	我國與南非政府	有效
40	中沙(迦)互換航權授權書	69.12.10.	永久有效	雙方民航局長	有效
41	中馬交換航權瞭解備忘錄	71.4.1.	79.10.22.	華航與馬來西亞航空公司	有效
42	中荷通航協議	71.8.5.	80.2.27.	華航與荷蘭皇家航空公司	有效
		72.1.11.	永久有效	華航與荷蘭馬丁航空公司	有效
43	中盧交換航權協定	73.12.13	永久有效	雙方民航局長	有效
44	中汶交換航權協定	75.8.1.	80.8.30.	華航與汶萊皇家航空公司	失效
45	中韓空中運輸協定	75.11.14.	81.9.15.	雙方政府	失效
46	中巴(巴林)航權協定	76.1.16		雙方民航局長	失效
47	中印(印尼)空運協定	77.11.17.	80.7.19.	雙方商會會長	失效
48	中埃臨時飛航協定	78.7.1.	78.11.20.	我國與埃及政府	失效
49	中奧航權交換協議書	78.9.14.	永久有效	中正國際航空站與奧地利維也納國際機場管理局	有效
50	中星交換航權協定	78.10.20.		雙方民航局長	有效

續表 5-1

編號	協定名稱	簽訂日期	有效日期	簽約人	效力
51	中杜航權交換協定	79. 1.12.	永久有效	我國與杜拜雙方民航局長	有效
52	中泰航權交換瞭解備忘錄	79. 1.19.		長榮航空與泰國航空公司	有效
		79. 1.22.		華航與泰國航空公司	有效
53	台港交換航權瞭解備忘錄	79. 4.30.	84. 4.29.	華航與國泰航空公司	有效
54	中巴(巴布亞新幾內亞)交換航權協定	79.10.20.		華航與幾內亞航空公司	有效
55	中馬交換航權瞭解備忘錄	79.10.22.		台北市航空運輸業同業公會與馬來西亞航空公司	有效
56	中加交換航權協議	79.10.22		外交部與加拿大駐台貿易辦事處	有效
57	中菲航權交換協議備忘錄	79.10.31.	81.12. 4.	華航與菲律賓航空公司	有效
58	中越通航瞭解備忘錄	79.11.23.		台北市航空運輸業同業公會與越南太平洋航空公司	有效
59	中澳通航協議主約	80. 3.25		外交部與澳洲駐華商工辦事處	有效
60	中澳通航協議附約	80. 3.27		民航局與澳洲駐華商工辦事處	有效
61	中越航瞭解備忘錄附約	80. 5.23		我國民航局長與越南民航處長	有效
62	中紐航空權協定	80. 6. 7.		民航局與紐西蘭駐華工商辦事處	有效
63	中印(印尼)空運協定	80. 7.19.	85. 7.30.	我國駐印尼台北經貿代表處代表與印尼駐台北商會會長	有效
64	中汶航權交換協定	80. 8.30.	永久有效	我國民航局長與汶萊民航處長	有效

編號	協定名稱	簽訂日期	有效日期	簽約人	效力
65	中馬(馬拉威)航空協定	80.10.30.		雙方政府	有效
66	中保航權協定	81. 3.27.		我國與保加利亞雙方民航局長	有效
67	中英通航協定	81. 7.13.		台北市航空運輸業同業公會與英國航空公司	有效
68	中越航權增加附錄備忘錄	81. 8. 4.		我國民航局長與越南民航處長	有效
69	中菲航權交換協議備忘錄	81.12. 4.		雙方民航局長	有效
70	中德航權協定	82. 5.15.		台北市航空運輸業同業公會與德國航空公司集團	有效
71	中拉(拉脫維亞)航權協定	82. 5.27.		雙方交通部長	有效
72	中法航權交換協定	82. 8.10		台北市航空運輸業同業公會與法國航空公司	有效
73	中馬(馬爾地夫)航權協定	82.10.28.		台北市航空運輸業同業公會與馬爾地夫航空協會	有效

第六章
民航之重要名詞

航空器

航空器（aircraft）是指在地球大氣層中活動的飛行器。航空器分為輕於空氣和重於空氣的兩大類。前者能升空是因為它排開的空氣重量等於或大於它本身的重量，包括：氣球和飛艇；後者產生力是因為氣流流過機翼時產生反作用力，包括：滑翔機、翱翔機、常規飛機、短距起落飛機和垂直起落飛機。

氣球是一個輕質密封氣囊，通常為圓形，充入熱空氣或輕氣體（氫或氦），下懸一吊籃，以裝載飛行員和乘客。飛艇是用機械驅動的氣球，通常為長形，可以操縱，下懸吊艙。由於飛艇結構輕、體積大，風大時在地面很難安全固定，飛行中遇惡劣天氣又很易損壞，曾多次出現飛行事故。1914年前齊柏林公司在德國開闢了世界第一條飛艇定期航班，往返於德、美之間，在1937年5月6日發生興登堡號艇爆炸之不幸事件後，全世界不再發展飛艇。

飛機

飛機（airplane）指用螺旋槳或高速噴射發動機推進和空氣升力支持的各種重於空氣、有固定機翼之航空器。某些短距起落飛機（STOL airplane）和垂直起落飛機（VTOL airplane）雖不具固定翼，但仍屬飛機。

飛機之主要組件為支持飛行之機翼，平衡機翼之機尾，控制飛行高度之機翼活動部分（副翼、升降舵和舵），推進飛機之動力機，承載機員，乘客貨物之機身，駕駛員、領航員使用之控制及導航儀器，與支撐飛機之起落架。

民航機必須有舒適的座位、適當的空調、良好的服務以及完善的設備。短距離航班設備可簡化，但安全設備仍不可缺少。飛機要有在地面或緊急著陸時安全迅速撤離飛機的設備。民航機飛行的有利高度是7,600~12,000公尺，在此高度上空氣中含氧量遠低於人體忍受限度，為此要使座艙保持相當於2,400公尺高度的氣壓。

軍用飛機除戰鬥機、轟炸機、偵察機外，還包括：教練機、通信機、運輸機和艦載飛機等。最早萊特兄弟製造世界上第一架飛機時，飛機的主要用途是進行軍事偵察。從1910年開始，先後有人在飛機上試裝機槍；同年，美國人寇蒂斯（Curtiss ,Glenn Hammond）用練習彈轟炸船形目標；義大利和英國試驗過空投魚雷；1910~1912年美國和英國曾進行飛機在軍艦的平臺上起飛的試驗。

1914年第一次世界大戰爆發時，德國有軍用飛機260架，英、法各有150餘架。戰爭初期飛機僅用於偵察地面軍隊的行動。1914年9~11月英國皇家海軍航空隊曾3次襲擊德國齊柏林（Zeppelin）飛艇基地，促使英國加速發展轟炸機。其後，德國的哥達型（Gothas）和R型——Riesen flugzeug（R-planes）重轟炸機對英空襲，英國因此將陸軍和海軍航空隊於1918年4月合併成皇家空軍，這是世界上第一支獨立的空軍。

第二次世界大戰以後，美國首先用x－1研究機超過了音速，軍用飛機從此進入超音速時代。現在最新式的全天候戰

鬥機，起飛後能自動按照計算機控制的飛行系統進入預定航線，用雷達搜索、截獲敵機，飛行系統操縱飛機飛向敵機，在最有利的時機自動開火。慣性導航和都卜勒雷達系統（Doppler-radar system）使飛航達到更高的精確度，參見**圖6-1**。

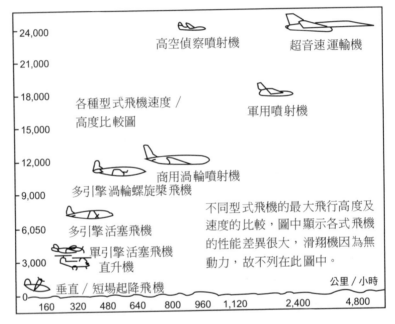

圖6-1　高度與速度

航空運動

　　航空運動（aerial sports）是航空事業的淵源。早在19、20世紀初期，就有人在想像、設計和製造飛行器。體育運動用飛機比商用和軍用飛機的出現要早得多。國際航空運動聯合會於1905年在巴黎成立，旨在倡導共同促進世界航空運動的發展。

　　航空運動最普遍的有如下四種：動力飛機飛行、滑翔、跳傘和氣球飛行。

◇動力飛機飛行是從1903年美國萊特兄弟首次飛行成功開始的。除供娛樂的飛行活動外，大致可分爲五類：飛行比賽、特技飛行、自製飛機飛行、古式飛機和旋翼飛機飛行等。1964年美國內華達州雷諾（Reno）市舉行第一次合法特技飛行比賽。比賽分初級、高級和無限三級。初級比賽最爲普遍，飛行高度限制在457~914公尺（1,500~3,000呎），必須在8分鐘內作完8項預定的花樣。其他兩級要求花樣的種類更多、難度更高、高度限制更低。

◇滑翔是駕駛無動力滑翔機的飛行。1937年第一屆世界滑翔錦標賽在德國的瓦西克普（Wasserkuppe）舉行。根據國際航空運動聯合會的規定，飛行員能空中滑翔5小時，航程50公里（31.1哩），脫扣後上升1,000公尺（3,281呎），可得銀質獎章。越野連續飛行300公里（186.4哩），上升1,000公尺可得金質獎章。越野連續

飛行500公里（310.7哩），上升5,000公尺（16,404呎），再飛行300公里到達預定地點，則可得鑽石獎章。

◇跳傘是發展最快的一種航空運動，早在1900年之前即已開始。50年代前只有少數人進行表演。到1960年，世界上已成立許多跳傘俱樂部。跳傘分兩個項目：定點跳傘和造型跳傘。定點跳傘是運動員向預先指定的地面目標跳下，一般每人試跳3~6次，以腳觸地面15公分目標的準確程度計算成績。造型跳傘即在自由降落時，運動員在空中完成各種造型，按速度和質量評分。

◇氣球飛行最初用氫氣充氣。本世紀50年代後期出現熱氣球，燃料是丙烷。在「狗捉兔」比賽中，一氣球作「兔」，先起飛，飛行一段時間，然後參加競賽的各氣球起飛，降落時最靠近「兔」者勝。也可以預先指定目標，各氣球起飛後朝目標靠近，降落點最靠近目標者得勝。越野飛行賽是在一定時間內比賽飛行距離，飛行得最遠者得勝。

航空學

空中航行學簡稱「航空學」（Air Navigation），內容是指一架飛機從地面上一個地點起飛，經由空中而飛到另外一個地點降落。論其正確航行的方法，基本上，航空學與航海學二者所用的導航方法是相同的，都是先測定位置，再指示航行的方向。但是由於飛機航行的速度比船舶高出很多，且船

舶在航行途中必要時可予停駛，而飛機不能，必須一直保持飛行狀態；所以空中導航無法如海上導航那樣從容，必須在極短時間內完成。亦即飛機的航行遠比船舶更難控制，所用的設備自然也較爲複雜。

在飛機起飛以前，飛行員應當針對其航程，先準備一份完整的推測航行圖（稱爲飛行計畫），並在其航行途中，隨時按實際情況加以修正。早先，囿於所用儀器落伍的關係，只能求得飛機相對於隨風運行空氣的航線和速度。目前，利用無線電卜勒效應（Doppler Effect）及雷達，已能測得飛機對應於地面的速度，再藉電腦換算出飛機飛行位置。

飛機在空中飛行，可裝備一種慣性導航系統，包含一具有加速儀的平臺配合迴轉儀以測定唯一垂直線，與電腦不斷指示飛機位置，再加上自動駕駛儀與儀器降落系統、精確的無線電波束、以及無線電高度表（用以測定跑道空隙）配合運用，可使飛機能夠在濃霧中自動降落。

航空站

航空站（Airport, Air Terminal, Aerodrome or Airfield）指飛機起飛和著陸的場地和地面設施。早期的飛機場是一塊開闊的平地，加上附屬機庫和候機室。那時，飛機很輕，在普通地面上就能滑行，且受風的影響很大，必須能向任何方向起飛或著陸。以後飛機越來越重，需要在堅硬的道面上滑行，同時受側風的影響較小。所以現代飛機場通常設有跑道，用瀝青或水泥鋪築一個長條地帶。原來飛機場需要3~4條跑道，但由於飛機重量繼續增加，跑道一般就減少到兩條或

一條。跑道的長度也不斷地加長，有的跑道長達4,300公尺（14,000呎），供載客250人以上的發動機噴氣式飛機使用。機場標高也是決定跑道長度的一個因素，標高高，空氣稀薄，同樣速度所產生的升力小，飛機升空前需要的滑行距離就長。

機場容量取決於一小時內跑道所能容納的飛機起降次數。僅有一條跑道供起降的機場，在氣候良好的情況下，合理飛機起降次數是每小時50~60次，在儀器導航下，每小時能容納100~120次飛機起降。

地區的機場數目和形態的規劃，取決於未來機場的容量、航空活動的特質及位置，並針對機場可能處理的空中交通量來評估機場的需求。機場位置的選擇應考慮是否能滿足未來擴充及現在需求。但若飛行活動的預估量超過任何單一機場的容量時，那麼就需要一個或更多額外的機場。

在美國，重要的機場都由政府部門掌管，其優點如下：

1. 機場可享有聯邦的補助：1946年「聯邦機場法案」通過這項補助金，提供給FAA的行政官規劃聯邦所支持的機場計畫。該法案並提供全國機場一般性的計畫及年度修正計畫。
2. 允許使用土地徵收權來取得土地，確保機場持續使用。
3. 大多數的州得行使區域劃分權，以防止航路及盤旋空間受阻。
4. 確保機場能持續提供大眾服務。

根據我國「民用航空法」的規定，所謂航空站包括飛行場和站屋兩部分。飛行場一般稱機場，係供飛機起降活動之用；站屋包括公用設施，係供客貨上下飛機之用。因此航空

站的位置，應鄰近城市、交通便利為宜，且一切設施的建立與發展，應與其周圍環境的城市發展互相配合，始可發揮獨特的功用。

機場主要設施有起降地帶、跑道、滑行道及停機坪四項。為適應國際通用原則，宜根據「國際民航組織」及「美國聯邦民用航空署」所訂定的規格設計。起降地帶為內含跑道的長方形地帶，也就是跑道安全區，係為航機起降安全而設置。跑道設置於起降地帶內，係供航機直接起飛或降落，其方向取決於恒風方向，其長度則取決於航機的起飛重量或爬升限重及飛機製造廠所提供的需求。滑行道連接跑道與客貨機坪或修護機坪，供航機滑行。停機坪是供停放飛機，以便客貨上下及飛機加油或檢修，其面積大小依機型大小、滑行方式及停機方式來決定。

站屋及公用設施主要有塔臺、航站、貨運站，以及供油、供電與消防等公用設施。塔臺原則上位置應在機場的幾何中心，高度需能通視全場，俾能監視管制航機起降、滑行及場內地面交通和勤務等。航站的現代化建築為航站大廈，包含候機室、辦公作業區及服務作業區等三大部分，用以提供舒適與安全的空間，供出入境旅客便利辦理證照查驗、通關及行李託運與提取。貨運站是處理空運貨物的倉儲建築，設計應以能容納預測的人貨物處理量為原則。供油設施分為直接輸油設施及間接加油設施兩種。直接輸油設施是將油料自儲油槽經由地下油管輸送到停機坪的加油栓，再用軟管將油料以壓力注入飛機的油箱內。間接加油設施是將油料裝入油罐車，運到停機坪，用輸油軟管，將油注入飛機的油箱內。

航空公司從業人員

空勤人員

　　飛行員的體能及熟練的駕駛技術是不可或缺的，也是航空公司及FAA稽查員所經常要求檢驗的項目。大部分航空公司會訂定其駕駛員應徵者之最低飛航時數，以及具有FAA之商用飛航及儀器飛航合格證書，升遷及航線分配均依資歷而定。

　　航空公司招募女性空服員十分頻繁，因為女性空服員的流動率每年高達40％，最大原因是由於結婚。不過由於此行業的魅力相當大，所以每年仍會有許多人前來應徵，應徵者的身高、儀容及外表是錄取與否的要件之一。

飛航機械員、地面機械員

　　須具有規定之學歷、資歷或經驗，並經學科及術科檢定合格取得執業證書、檢定證書及體格及格證書後，始得執業。

客、貨機位銷售及地勤人員

　　訂票（位）組、售票組、旅客服務處及貨物運輸處等，

這些工作都是直接與乘客或貨主有關，航空公司通常會提供業務人員訓練課程。其他專業技術人員，包括：統計、會計及工程人員。航空公司是電腦及資料處理設備的使用者之一，在此領域內所需要的技術人員與日俱增。航空公司往往徵用企管碩士負責財務規劃；專精數學的人員擔任作業分析；而工程人員則負責計畫及協調飛機與飛航系統之發展。

飛航安全

空中飛行相當特殊，飛機需維持前進或活動才可對抗地心引力。它不像火車、輪船、汽車等能緊急刹車，停止後即安然無事。直升機或可垂直升降的飛機即使能在空中盤旋停留，但旋翼仍需不停的轉動。

飛機除引擎須持續轉動不能出錯外，飛機的穩定性、結構的牢靠性、駕駛員的飛行技術訓練和判斷反應能力、設備齊全的機場、精確可靠的飛行通訊與飛航規則的制定和執行等，都與飛航安全（Air Safety）息息相關。另外，自然界的凶險，例如：險峻的地形、空氣的亂流、能見度降低、機翼結冰等，亦常威脅飛航安全。

意外的事故發生後，例如：空中相撞或墜地，事後都要深入調查，才能防範日後再發生類似災難。失事原因不外乎：亂流失去控制、引擎熄火或脫落、飛機結構組件的金屬疲乏，以及人為的蓄意破壞等。另外飛行員可能因過度疲勞或一時感官錯覺，在有意無意間違背安全規則而失事。

相撞

　　飛機在空中相撞並不常見，空中交通管制的主要任務為確保每架飛機的適當距離。

　　當兩架飛機同向飛行，應保持可飛行10分鐘的水平距離；不同航向的飛機則須保持至少300公尺的垂直距離。高空飛行在7,200公尺以上時，須保持600公尺以上的距離。設在地面的空中交通管制站，隨時由駕駛員報告或雷達直接探測，標出每架飛機的位置，以監督是否按原訂之飛航計畫飛行。在能見度低的氣象狀態中飛行，全靠機上的儀器來操縱，故需飛航計畫。機場附近，飛機往返頻繁，為防止飛機碰撞，有專設的雷達系統及機場管制塔台。某些地區並設有防止碰撞的自動避撞系統。

火災

　　飛機因墜機或碰撞引發火災的問題，經試驗改用新材料製造油箱後，已獲改善，減少墜機時箱壁穿透漏油的可能性。火源儘可能與可燃性液體隔開，燃料管線亦包在金屬管內。解決火災的最佳方法是發展一種在引擎內為可燃物，在引擎外則為不燃物的燃料。

亂流

　　空氣的亂流可能發生於山峰下風處、飛行中的飛機後方和大氣層上方。偵察亂流之裝置正在研究發展階段，預報技巧亦在改善，對亂流的預警將更為準確。

飛行紀錄

　　所有噴射引擎飛機皆備有自動飛行紀錄器，自動記錄飛機的速度、加速度、方向及高度。駕駛若不按安全規則操作，紀錄器皆可查知。

超音速飛航

　　超音速客機以較音速更快的速度飛行，因空氣與飛機外殼的摩擦，機壁溫度可高達260℃，故需空調設備；另需考慮高空臭氣與輻射對機體材料和旅客之影響。

飛航管制

　　飛航管制（**Air Traffic Control**）指以無線電與雷達導航系統網路，指揮控制一架飛機由某站飛行至另一站。

航路（航道）

　　「航路」是指由一航空站至另一航空站中飛行員所必須遵循的路徑。飛機飛行使用的飛航高度的上限約為22,500公尺，下限則隨地形起伏而變化，在機場時甚至可以貼地而行。

　　飛機飛行高度的選定，首先要避開所有地形障礙，且與飛航於相同航道的其他飛機保持距離。正常情況下，航行於

同一航道上相反方向的航空器飛行於7,200 公尺以下時,高度須相差300 公尺,若在此高度以上,則其高度需相差600 公尺。

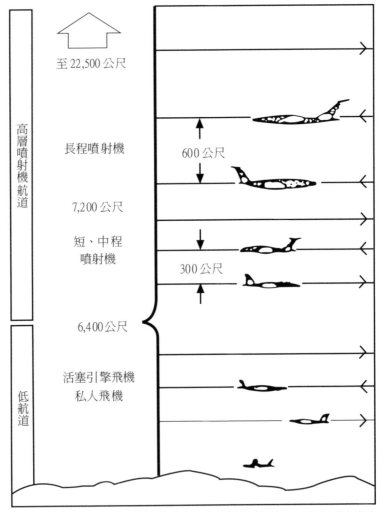

美國所規定各種不同飛機的飛行高度,以及飛行於同一航道,但不同方向的飛機須保持的垂直距離。

圖6-2 高低航道

美國聯邦航路分成高、低兩種航路，低於6,400公尺的航路通常是螺旋槳飛機、短程空運及渦輪動力飛機的航路；高於6,400公尺的航路則稱為「噴射機航線」，在此航路上的所有飛機一直在地面雷達的監視之下。其他航路大致上不受雷達的監督控制，除非此機當時是採用儀器飛航（參見圖6-2）。

美國以外的國家對於高低航路的區分界限與美國的規定有很大差異，大部分地區低航路的高度都在美國所設定的6,400公尺以下。

航路乃空中的高速公路，它附設有航空用的道路標誌、出入路口、方向指示、甚至「停車場」即機場周遭地區，通常稱為「等待點」。飛機可以在該等待點以橢圓形航線盤旋飛行，等候降落。

飛航規則

當一飛機飛行於航道上時，駕駛員必須遵守特定的規則，以這一點來看，飛航管制類似於道路上汽車交通，因為兩者都不能隨意運作，必須受到交通規則的約束。

目前有兩套基本的規則：儀器飛航規則（IFR; Instrument Flight Rules）及目視飛航規則（VFR; Visual Flight Rules），通常IFR下的駕駛員使用儀器飛行時，藉飛機儀表與來自飛航管制台以無線電發送的指令，可以安全地避開其他飛機。在起飛前，駕駛員會收到一份飛航計畫，使其很清楚地知道如何遠離當時飛航於同地區的其它飛機。而一個在VFR下的駕駛員則以目視保持其航線，依賴自己的反應避開其他飛機。定期航線的駕駛員資格都要以民航運輸等級（ATR; Air-line

Transport Rating）來分級，這是以飛航經驗和儀器操作訓練測驗來分的等級，每一駕駛員都有一個等級。

飛航輔助

　　駕駛員飛行時，一張航行圖可清楚標示航路與航路下方地形的關係，例如：河川、湖泊、公路、都會區、高山等等，圖中同時指示最低飛航高度。

　　地面雷達為飛航管制的重要設備，航路長程雷達監視飛航路線的範圍約為220浬，屬於機場的監視雷達可標示出60浬以內的飛機，其功能是依據IFR的指引並提供資訊給即將起飛或降落於該機場的飛機。

　　機場雷達管制員導引機場飛機的起降，並使這些起起落落的飛機間保持適當的距離，雷達管制員透過無線電話給空中的駕駛員送出雷達向量的訊息，亦即朝向雷達飛來的方向。在各主要機場的60浬範圍內，雷達管制員也管制逼近中飛機之速度，發出適當的飛航速度指示，以保證能與其他飛機保持距離；除此之外，雷達管制員也職司監督其轄區內空域、發出可能發生衝突的警告，給予駕駛員預警。

　　根據國際民航組織的協議，全世界分成許多飛航情報區，以我國現轄的臺北飛航情報區為例，說明如下：無論中、外、軍、民各型飛機祇要一進入本區空域都須接受我國民航局的管制。分由各級航管單位按飛航規則（主要根據當地氣象條件分成目視飛航和儀器飛航兩種規則）作具體的管制或服務，例如：指定航路及飛行高度、進場、離場許可，提供氣象報告等等，以達到航管的終極目的：即飛航中飛機的安全、秩序、流暢。

塔台也指揮飛機在地面的滑行，飛機場燈光設備有綠、白兩色標識機場位置的旋轉燈塔、引導飛行員進入跑道的高強度進場燈、琥珀色的跑道燈（由塔臺或自動系統控制）、綠色的跑道入口燈、藍色的滑行道燈、紅色的障礙燈和表示高障礙物的紅色閃光燈。國際民航組織曾發布一套國際公認的關於飛機場設備和使用的標準，其中包括：跑道的數目、長度和方向、地面目視導航設備及其他詳細規定。

航空工程

航空工程（Aeronautical Engineering）應用物理學和數學原理研究、設計、製造、試驗和使用在地球大氣層內飛行的航空器的工程技術。20世紀60年代後，已擴大包括大氣和太空的各種飛行器。

航空太空工業

航空太空工業（Aerospace Industry）各種航空和太空飛行器的製造工業。其產品包括：滑翔機、氣球、飛艇、地面效應飛行器、固定翼飛機、旋翼機、導彈、運載火箭、載人或不載人的太空船、推進系統和其他產生推力的裝置、機載設備以及飛器使用和維護所需的地面保障設備等。

航空太空工業是科學技術進展的尖端，在產值和雇用人數上，是世界最大的製造業。

航空工業起源於1908年，飛機的結構都是木質的，用蒙

布覆蓋。20 年代由雙翼機發展為單翼機，並開始採用金屬結構。30 年代飛機設計有幾百項發明，其中主要的有：大功率發動機、高效率的螺旋槳、增壓座艙、可收放起落架、自動駕駛儀和全天候導航設備等。二次世界戰後，採用噴射發動機，大大提高了飛行速度。50 年代初噴射機的速度已超過音速，50 年代後期達到兩倍音速，70 年代最快的飛機已達到 3 倍音速。

研製新型民航機必須進行大量的科技研究工作。設計階段先作出符合設計要求的數學模型，再用電子計算機建立飛機的電子影像，從螢光幕上看到整架飛機或其部件（如機翼）的形象，再引入大氣數據，假想飛機開始「飛行」，計算出各種飛行條件下飛機的反應。不斷修改設計，使其性能達到或超過設計要求。下一步是按計算機的設計製成飛機模型，進行風洞試驗，進一步修改設計，然後製作出原型機，通常需造出一到數架準備作靜力試驗的原型機。分別作高溫、噪音、撞擊、顫振等試驗，又放在載荷試驗架上作抗壓、抗彎、抗扭等試驗，直到飛機被破壞，以驗證是否達到設計的最大載荷因數。在造原型機機體時，機載設備的各種系統和分系統也都同時製造並進行試驗。最後原型機進行飛行試驗。

航空太空醫學

航空太空醫學（Aerospace Medicine）的研究內容是飛行期間所遇到的各種環境因素，例如：氧分壓、外界壓力、運動、振動、噪音、輻射、作息週期改變、人機關係不合理

等，對人生理、病理及心理影響。飛行高度上升時大氣壓下降，氧分壓降低，人處於這種環境中會產生缺氧，主要症狀是工作能力下降、判斷力減退、肌肉細微協調功能喪失、倦怠、頭昏、過度自信、意識喪失直至死亡。缺氧症狀受多種因素影響，發病速度和嚴重程度與飛行高度密切相關。高度愈高，症狀愈明顯。一般在 3,000 公尺以上開始出現症狀；5,000 公尺以上噁心、嘔吐、判斷力、執行緊急動作的能力及記憶力衰退的症狀會加強；8,000 公尺以上則會成為昏迷狀態。

飛到 19,200 公尺（63,000 呎）以上，會馬上發生體液沸騰。高空飛行容易引起換氣過度症狀，例如：眩暈、麻木、刺痛、肌肉震顫痙攣及意識喪失。飛行器下降時，中耳腔內外的壓力差會引起航空性中耳炎、航空性鼻竇炎和牙痛。胃腸內的積氣膨脹會引起腹痛。肺內氣體的急速膨脹會損傷肺組織。氣壓改變會引起減壓病（Decompression Sickness）。

飛行時的特殊環境會造成身體平衡的錯覺，使空間定向力消失。複雜的銳角頭部轉動，對平衡產生過強的刺激，會造成暈動病（Motion Sickness）。加速力、減速力會破壞駕駛員的操作，並造成損傷。飛行器的翻、轉動作會破壞空間定向能力，造成暈動病及損傷。過強的全身振動會影響駕駛員的操作。過高的噪音不僅使人心煩意亂、疲勞、效率下降，還干擾通話，造成暫時性聽力喪失及耳痛。如果是持續航行的長期飛行，則會有過度疲勞和神經衰弱等症狀出現。在飛行系統設計時，對人的智力、體力估計過高，對各種心理、身體因素考慮不周或設備、儀表的設計、安裝不合理，都會損害駕駛員的工作能力和健康，造成失誤。

音爆

　　飛機在空中飛行時，常常播出迫進前方空氣的「信號」，這個信號就是以音速行進的壓力波。受到這個「警報」的空氣就會讓開而形成通路，但飛機的速度比警報傳送的速度快，空氣就無法讓開道路。於是幾十億的氣體分子便激烈地被推向兩方而被壓縮；因此發生某一範圍的空氣壓縮，引起圓錐形的震波。就超音速飛機來說，是沿著機頭、主翼與尾翼的前邊，以及機身等處發生震波；已被分散的氣流再度會合於主翼與尾翼後時，也會發生同樣的震波。圓錐狀擴展的震波下面的部分達到地面時，便發生像雷一樣的聲音，這就叫音爆。

航權談判與航權自由

　　航權談判始於美人特里普（Juau T. Trippe）。特里普於一次大戰時，曾接受海軍飛行員訓練，戰後購得邁阿密的一家小公司——泛美公司，並與基韋斯特（Key West）及古巴簽定空郵合約，將其航運擴展至加勒比海及南美洲。1930年以前，特里普就以其公司海外營運經驗及對未來的前瞻，開始準備建立橫跨大西洋的航線。不過由於獲得著陸權有困難，特里普乃將泛美公司的目標轉向太平洋地區。1935年12月22日，橫跨大洋的定期航線進行首次飛航，當天馬丁M-130中

國飛剪號（Martion M-130 China Clipper）由舊金山起飛，途經檀香山、中途島、威克島、關島然後抵達馬尼拉。

1939 年英國因歐戰威脅而允許泛美公司開展其泛大西洋空運服務。泛美以其新的波音 314 型客機，成為第一架載運旅客由紐約州華盛頓港飛至英格蘭南安普敦的飛越北大西洋的定期商業客機。

當特里普早先建立航線時，直接與各國政府磋商。環球航線實現後，美國國務院對此不能坐視。如今所有美國與其他國家的航運協定都必須透過國務院與外國政府磋商，達成多邊協議後，再授予美國各航空公司經營其航線之權利。航空商務在外交上的重要性日增，這可由 CAB 提出的國際航線之授予須經總統批准一事看出。

大部分國際性航空公司間協議都以「百慕達協定」為基礎，該協定是由英、美兩國於 1946 年訂定，主張五項自由：

◇有權飛越他國的領土。
◇有權裝載旅客在他國的領土上降落。
◇可搭載旅客至他國。
◇有權自他國載運旅客來本國。
◇可在本國搭載前往或卸下來自任何簽約國家的旅客。

航空法

航空法（Aviation Law, Air Law）指直接或間接與民用航空有關的法律的總稱。

領空主權問題

國際法的基本原則是各國在其領土（包括領海）上空擁有完全的和排他性的主權（1919年的巴黎航空管理公約）。領空的範圍是從領土以上算起，一直到外層空間為止。各國對進入其領空範圍的外國航空器都有權進行管理，但一般國家都允許外國的民航機飛越本國地面上空。

美國未曾簽署亦未批准1919年巴黎公約，卻對1928年在哈瓦那召開的泛美公約加以批准，該公約宣示各簽字國對其領土上空享有完全排他的主權，但也承認一個國家享有無害飛越他國領空的優惠。1944年芝加哥公約再度確認主權原則，並成立國際民航組織以加強國際民航合作。

1944年芝加哥公約允許締約國的非定期商用班機飛經另一締約國無須事先得到外交允許。關於定期飛越他國的民航班機，按1944年芝加哥會議的規定，享有五種自由中的兩種：（1）不著陸飛越一國的權利；（2）為了技術上的原因，在飛越時有停降的權利。此二自由是通過權，其他的自由則為運送的自由。飛機在短暫時間內，飛越長程距離，不可避免地由一國飛越另一國度。因此由美國及英國參加1946年百慕達航空會議，達成第一個關於航權之雙邊協定。

航空器的法律地位

1919年巴黎公約中最重要的一點是，飛機必須有一個國籍，必須有它註冊國的國籍，同時一架飛機不能在一個以上的國家註冊。1944年芝加哥公約保留了這一點。根據1944年

芝加哥公約第20條的規定，每架從事國際飛航的飛機必須帶有適當的國籍標誌和登記標誌。第31條則規定每架飛機必須備有登記國發給或核准的適航證。芝加哥公約還要求每個從事國際飛行的駕駛員必須備有飛機登記國發給的合格證書或執照。每架從事國際飛行的飛機必須備有一份飛航紀錄簿。

司法管轄權

刑事管轄權

雖然有些國家的法律制度還認為船隻和飛機是國家領土的一部分，但在國際法中必須區分以下三種管轄權：（1）領土管轄權（屬地管轄權）；（2）準領土管轄權；（3）屬人管轄權。飛機或船舶即為「準領土管轄權」（準屬地管轄權）。一般而言，在衝突時，領土管轄權是可以優於準領土管轄權，準領土管轄權又可以優於屬人管轄權。1963年東京公約，使締約國有義務把登記國的刑法和管轄權擴大適用到登記國的飛機在登記國以外飛行的情況。

1. 海盜行為：1958年日內瓦公約的目的是宣佈一項一般國際法，其中規定，不論是在公海或在其他不屬於任何國家管轄權的地區，每個國家都可以扣捕海盜船或飛機，並逮捕機上（或船上）的人員並沒收其財產，以及決定所應加的刑罰。
2. 空中劫持：1963年東京公約要求締約國採取一切步驟，把被劫持的飛機交還合法的原飛行指揮官，並要求降落國准許旅客和機組人員繼續其旅行，並將飛機

和載運的貨物交還給合法的所有人。1970 年海牙公約對制止非法劫持飛機更有進一步的規定。

民事管轄權

在大多數國家裏，一般民法都適用於飛機。為了避免發生無國籍情況，多數國家都把登記國的國籍給予在飛機上出生的嬰孩。1929 年華沙國際航空運輸公約（其後在 1961 年及 1971 年曾經兩次修訂）第 28 條規定，由國際航空所引起的訴訟只能在某些締約國的法院中，而不能在其他的法院中提出。

航空業者賠償責任

對旅客、行李及貨物的責任

主要是由 1929 年華沙國際航空運輸公約加以規定。該公約曾經幾次修改，目前實際上有三個單獨的條約處理這一問題（華沙公約、華沙──海牙公約、華沙海牙──瓜地馬拉公約）。

華沙公約規定，航空業者應負推定賠償責任，惟其責任局限於每名旅客 8,300 美元。航空業者之推定責任於業者證明，彼方業已盡一切注意、採取適當措施避免損害事故，得以免除其賠償責任。旅客得以舉證證明損害事故肇因於運送業者蓄意不當行為，亦得要求超過 8,300 美元之賠償。（責任的限度以金法郎計算，死傷的賠償限度為每人 125,000 金法郎，按 1970 年的匯率為 8,300 美元）。海牙議定書將這個數目增加了一倍，後來在蒙特婁協議中，運送人被認為自願同意

在運送旅客進、出，或路經美國時：（1）接受絕對責任原則；（2）增加賠償的限度到75,000美元（包括法律手續費），或5,800美元。瓜地馬拉議定書採納了對旅客及貨物負絕對責任原則，並把每個旅客死傷的賠償限度訂爲150萬金法郎（10萬美金），把行李的損失或損害訂爲15萬金法郎（1萬美元）。

對於地面第三者的責任

大多數的國內法保護地面的土地所有人，禁止飛機過低的飛行和其他不應有的干擾，例如：航技表演及噪音等。此外，通常各國國內法都允許地面的第三者向飛機在飛行中所加諸的損害提出賠償要求。1952年羅馬公約接受了絕對責任原則。如果損害僅僅是由飛機按照現行的交通規則，飛過大氣層而造成的，那麼就有要求賠償的權利。

太空條約

在法律上，領土屬於該國政府，其上空也屬於該國政府。領空不包括外層空間。1967年的「外層空間條約」（Outer Space Treaty）宣告，外層空間是自由的，國家不得占有。但該條約未規定領空高度的上限和外層空間的下限。

太空人（航天員）協定

西元1968年4月22日在倫敦、莫斯科及華盛頓簽訂，全稱爲「關於援救太空人、送回太空人，以及送回射入外空物體之協定」，於同年12月3日生效。該協定共十條，前六條爲

實質條款，後四條為程序條款。內容包括：（1）締約國於獲悉或發現外空發生事故時，應立即通知發射當局與聯合國秘書長；（2）對因意外事故而降落的外空航天員，降落地國應立即予以援救，並提供一切協助，必要時發射當局與降落國應合作進行搜索和援救；（3）締約國在其領域外，例如：在公海或不為任何國家管轄的地點降落時，各締約國應協助搜尋和援救；（4）與（5）規定關於航天員無條件送回以及關於發射物或其構成部分的搜尋、送回、費用負擔等具體事項；（6）規定「發射當局」一詞，指負發射責任之國家或國際組織，但該組織必須宣布接受本協定所規定的權利、義務，且該組織之多數會員國為本協定及「關於各國探測及使用外太空包括月球與其他天體之活動所應遵守原則之條約」之締約國；（7）至（10）的規範事項包括：簽署、加入、批准、存放、生效、登記、修正、退出、及作準約文等。

第二篇　航空公司之基本認識

第七章

航空公司之任務與營運

任務

　　航空公司之任務為提供迅速、安全而可靠之運輸。亦即根據承攬契約，將負責運送之乘員或貨物由甲地運送至乙地，並於運送期間提供必要之服務。

　　必要之服務，可分為有形與無形兩方面。有形者，例如：對旅客提供之餐點、飲料、電影娛樂、一般家庭用之救護成藥、機上一切用品、贈品等；無形者，則為服務人員之禮貌、笑容、親切之招待與提供旅行常識。對貨物而言，則為防止中途盜竊與破損。此種有形與無形之服務雖僅為完成主要任務之附屬條件，但對「產品」品質之優劣與是否能不斷招徠顧客，實具決定性之因素。

營運

　　航空公司因經營方針與對象不同，計有下列各種不同之營運方式：（1）以班期分；（2）以對象分；（3）以地區分等三種。

班期

　　以班期分有定期飛行之航空公司與不定期航空公司（Scheduled & Unscheduled Carrier）之分。前者無論每日數

班，或數日一班，必須按時開航。其優點可使旅客依其需要，選擇最適合之班次成行，極為方便。其缺點則為即使承運之人員貨物極少，亦必須依時起飛，航空公司之利潤不易掌握，尤以淡季為然。惟依時飛行，易於建立信譽，一旦信譽良好，顧客對其行程均有信心，則營業亦可益形發達。不定期飛行之航空公司主在經營包機，其優點為可先計算成本、加添利潤，再作飛行。但在無包機生意時，則若干間接成本，例如：管理人員薪金、裝備折舊、保險、停機及場地設備等費用仍必須開支，故經營不定期包機之航空公司，其經營方式亦非絕對有利，仍需視市場需求情況及本身條件而定。

對象

以對象分有：經營貨運之航空公司、客運之航空公司，但後者通常皆兼營客貨與郵運。

地區

就公司航線網涵蓋之地區而言，可分為：（1）國內航線之航空公司（Domestic Carrier）與；（2）國際航線之航空公司（International Carrier）。而後者又可分為：（1）地區性（Regional Carrier Inter-Carrier）與；（2）洲際航空公司（Inter-Continental Carrier）。

第八章
航空公司之組織與業務

組織

　　任何公司之組織，因業務需要與主管者經營構想不同而形式各異，且亦隨時因業務之變遷而更改，絕非一成不變，但然仍有若干原則可循。航空公司之任務，主要在於提供運輸和服務。其所供應之運輸與服務，即為航空公司之產品，故以生產事業之組織原則為比喻，略述航空公司之組織。

　　一般生產事業最主要之部門有二，即生產（Production）與銷售（Sales），其上必有一行政首腦為主持人，職稱或為總經理，或為經理均可。如**表 8-1**。一般大企業機構並在行政首腦之上有董事會，為公司之決策機構。此外則為會計、法律事務、人事、稽核等行政支援單位，單位之多寡與組織分工是否需要細密，亦端視業務之規模與指揮幅度是否適度而定。航空公司中其屬於「生產」部門者，應為航務（Flight Operations）、機務（Maintenance & Engineering）、運務或顧客服務（Customer Service）與市場行銷（Marketing）四大部門，如**表 8-2**。其業務性質將在下章中有較詳盡之說明。此外一般多項產品企業之組織亦有以成品之種類區分者，例如：成衣部、玩具部、電子部等，其各部門內部再按職掌分治。亦有以銷售地區分治者。例如：一機構之營業遍佈全球，則可劃分遠東地區、歐洲地區、北美地區等，甚或以城市劃分為，亦有以利潤中心（Profit Center）區分者，此種以所予成本與所得利潤之比率為考核標準之辦法，大致仍依各部門或地區劃分，惟在考核單位業績時則較公平有效。

表 8-1　**一般生產機構最基本之組織**

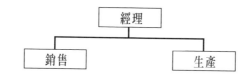

表 8-2　**航空公司最基本之組織**

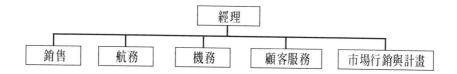

　　一般組織之運用，不外中央集權與分區授權兩種方式。中央集權如能貫徹執行，則事權統一，效率可能很高；但如機構龐大分散，則效率不易發揮。分區授權可以因地制宜，運用較為靈活；但必須有適當之限制，否則各區為表現自己之業績，亦難免發生衝突。

　　高層管理人員太多是弊多於利，例如：美國東方與Delta兩家航空公司，規模相若，航線網與業務情況亦相若，惟多年前一家獲利，一家虧損，究其原因，不外高層組織龐大，及管理人員過多，則成本較高，難於競爭。是故組織之運用仍需視業務之需要而定。

　　附表顯示之結構，為綜合一般航空公司組織之模式。其各部門名稱、職掌劃分主管職銜、或因習俗與公司大小而異，但層次與職掌則大致相同。總公司階層各單位為幕僚與政策督導單位，各地分支機構或代表則為面對顧客之執行單位（Field or Line Units）。分支機構內部各部門與總公司各幕

僚單位間之關係，各公司均有不同之規定，即直接指揮或間接督導而以分支機構之主管負總責。至於附屬企業，乃指各公司所投資經營之子公司，例如：旅館、空伙廚房、旅行社、機坪勤務公司等，其目的主在劃分權責、專精業務、便於管理。其組織架構詳見**表 8-3**。

業務

機隊

　　機種與機隊之選擇和策劃是否適當，影響營運成果甚鉅，故必須審慎行事。此項工作之研究，不僅牽涉廣、程序複雜，使用方法亦日趨科學化，尤以電腦問世後為然。此一工作之考慮要素計有五項：（1）財力；（2）人力；（3）市場需求；（4）地裝支援；（5）機場設施。每一項目均極重要，而以財力與人力為基本先決條件。故主持策劃者必須以整體視之。

　　工作開始前，首先應確立營運目標：究以純營利為目的，抑或有其他政治、社會、外交等因素為優先任務？之後，再參酌上述各要素，決定使用機種及手段以達成該項目標為最終目的。

　　茲就各項考慮要素分述如后。

表 8-3　一般航空公司組織

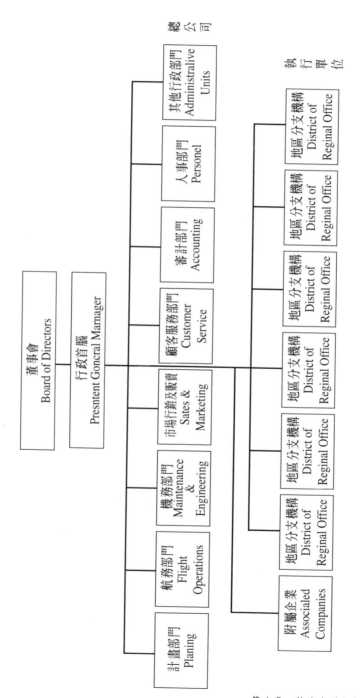

財力

　　航空公司之經營為資本密集事業。因飛機本身價值日益高昂，其他支援地面裝備、設施等投資，以及專業人員之長期培養訓練，所費均高。若無充足之資金準備，及後續支援，業務殊難開展，遑論擴張。

　　一般航空公司之創始，除發起人具有企業家之遠見與創業精神外，籌募資金恐為其最先考慮之因素。具備資金後，次一考慮當為添購主要生財工具——飛機，且多以購買或租用舊機為優先，以減少投資，壓低成本，方便競爭。待公司業務穩定，有利可圖，準備購買新機、擴充機隊時，又多仰賴銀行貸款，分期償還。故本身財務狀況首需健全、信用良好，方易達成。為避免資金周轉失調，對本身盈利及償債力切忌高估，尤需注意勿使擴張過速，而以穩定成長為上策。

人力

　　航空公司之人力需求中，屬於技術性者幾占大半，尤以飛行及機務人員為最。此類人員之培養不易，需時甚長，且因科技之不斷進步，必須定期不斷予以再訓練，方能配合裝備之更新。此外，若干種類之技術人員，尚需通過民航當局之考試，獲得相關執照後方能工作。故人力計畫必須周詳。同時，由於經營成本不斷增高，每一員工之生產力，亦必須同時大幅提高，方能獲利。

市場需求

　　瞭解運量需求及其季節性之變化、流向等因素，方能使策劃人員決定應以何型機種擔任某一航線任務較為適宜，安排班機次數以因應市場需求，且需兼顧使用裝備在同一航線

上是否具有競爭力，並能滿足消費者之願望。當然，公司之利益亦不能忽視，故應注意預估班機平均裝載率（Load Factor），是否能夠超過「收支兩平裝載率」（Break Even Load Factor），方能確保有利可圖。

地裝支援

地面裝備和設施，無論自備或租用，乃經營航空公司不可或缺者。否則飛機不僅無法維護保養，即日營運必須之各項工作，例如：加油、添水、清理廚廁客艙、加裝餐飲食料、裝卸行李貨物，均將無法辦理，何談營運。

由於機種日新月異，所需各式地裝不僅日有增加，價值亦極昂貴。而汰舊更新之折舊值，亦復逐年提高，數字驚人。據統計；僅國際民航組織（ICAO）所屬各會員國（蘇俄與中共除外），各航空公司在1976年地裝之折舊值，即達37億美元。若論今日現值當絕不止於此數。故任何機隊計畫必須考慮地裝及設備之支援與相關資金需求。

在今日吾人使用之地裝中，運用範圍最廣、效能最高、而為各行業人們所共同重視者即為電腦。其功能運用，正因科技之不斷進步而日新月異。舉凡會計作業、訂位、庫存清理、航機簽派、旅客報到作業、甚至空中航管、班機及組員調派工作，均能勝任，且效率驚人。近年來各航空公司在電腦化作業上之投資均極龐大，以提高生產力。

機場設施

機場之存在，除軍用者外，自以航空公司為服務之主要對象。但因缺乏協調與配合，其場內設施往往顯屬落後。例如：旅客使用之場站大廈面積每多不能配合運量之增加而顯

得擁擠，甚或通路過狹、停車廣場不足、消防設備不足等等
皆是。更重要者，例如：跑道之長度、承載量、導航設備、
滑行道及停機坪、夜航設施等等，能否適應所引進之機種，
尤為主持機隊策劃者所必須瞭解。

航務

機上工作人員

　　航務可與一個生產機器之操作者相比喻。一架飛機上之
空勤組員，包括：機艙組和座艙組兩個部門。座艙組主管對
旅客之服務，為空服部門工作，在機上係由座艙長（Chief
Steward, Chief or Purser）領導。機艙組則負責航行駕駛方面
工作，其組員之構成包括：

　　◇機長或稱正駕駛（Captain or Pilot in Command）
　　◇副駕駛（Copilot or First Officer）
　　◇空勤機務員或系統操作員（Flight Engineer or System
　　　Operator）
　　◇領航員（Navigator）。

　　正駕駛為機長，飛機在執行任務時即由機長負全部責
任，無論機艙組或座艙組之工作人員，均聽命於機長，受其
指揮。一般小型客貨機上，機艙組除正副駕駛外，不設空勤
機務員及領航員。一般新式長程噴射機內由於導航系統之不
斷改進，已不再有領航員之設置。

　　機艙組員均需經民航局之嚴格學科術科考試，並經空勤
體檢及格，發給執照，始能執業。空勤體格每隔半年即須檢

查一次，如稍有不合，而又非短期可治癒者，即不能再服空勤。飛行人員之考試及格後，起初只發給商業駕駛執照，再視飛行時數多寡經歷核定，成為資深商業駕駛員等資格（Rating），並憑此資格擔任民航局核定機種之駕駛。然民航公司本身也有個別考驗與帶飛之規定，逐步晉升，由小型機種轉為較大型機種，由貨機而至客機；且每換飛一新機種，均須經過嚴格之學科、術科考試。因商業駕駛員之優劣關係全機乘客生命財產之安全，責任極重，故管制考核極為嚴格。欲成為一個合格之民航駕駛員，需要多年培養與經歷，其因難程度遠非考一張汽車駕駛執照所可比擬。

座艙組員（Cabin Crew）通常由一位座艙長和數位空服員組成，其名稱與組成之男女空服員比例，因各公司政策而異，人數也因客機型別大小而不同。通常以每一位空服員能照料25位乘客為原則。彼等之主要任務為在機上對旅客提供服務，例如：飲料、餐點、旅行常識與簡單之醫護協助。如遇緊急事故必須迫降海上或陸地，座艙組員應根據平日訓練程序在機長指導之下扶助旅客迅速安全撤離飛機。空服員雖不需經過民航局考試，也不須領取執照，但必須經過航空公司之嚴格訓練，包括學科與術科作業程序實習、游泳、調酒、緊急救生等訓練，此外，也需與其他空勤人員相同，必須空勤體檢合格，方能擔任工作，惟視力要求一般稍寬。至於空服員究竟以男性或女性充任為佳，則因各有長短，頗難論定。

航機簽派

航行計畫之擬定，一般均由飛行員自行辦理。每一飛行員在取得執照前，均必須有長途飛行經驗與領航訓練，不必

假手他人。但航空公司之航機派遣及飛行計畫，則係由航空器簽派員（Operations Dispatcher，簡稱OD）擬定。此項人員，必須具有飛行員及領航員所應有之一般航空知識，經民航局嚴格考試後發給執照，方可執業。OD 之主要任務為飛行計畫與航機簽派。在噴射機時代，派遣一架飛機擔任空運任務，必須根據天氣狀況及預計裝載客貨重量，自起飛至到達應攜多少油料，每一航段使用多少時間、消耗多少油料，如何起飛進入指定航路，至何處飛何高度，迄達目的地為止，每一航段於事先均經精密計算，詳細列入航行計畫。飛行員即據以執行任務，除起降及有特殊情況時，由塔台或航管人員指示操作外，極少變動。目前由於電腦作業用途日廣，航行計畫及簽派多由人力改用電腦，航機簽派也多遙控（使用印字傳送航行計畫），故其監視與管制幅度也日益擴大，確較經濟有效，尤以大公司為然。飛行員審核航行計畫及裝載情況後，再視天氣預報酌量判斷計畫是否可行，或需多帶油料。在正常情況下，飛行員有最後決定是否可飛之權力，但航空公司亦並非毫無限制；因飛行人員每喜多帶油料，以便必要時可以多飛若干時間。但航空公司就商業之立場而言，多帶油料即需減少酬載，直接影響營收，故不可能一味聽任飛行人員之要求，衹需按民航局核定之簽派條件，給予合理之油料（含備份油量），飛行人員應即接受，故飛行人員對航行計畫之要求亦必須合理，如須修改計畫多帶油料，必須在合理情況下與OD 協商決定。因此，OD 在航務簽派上應多替飛行人員考慮，一方面在維護公司利益之前提下，也應享有適當之權威。但最後能否執行任務之決定權仍在飛行員而不能勉強。航行計畫既定，即可向機場民航當局申請飛行。通常班機起飛前半小時均應完成上述手續。飛行員再行檢查飛

機，進入機艙作起飛前之各項準備。

OD另一工作為督導飛行監守（Flight Watch）。一架飛機自滑出停機坪起，OD或飛行監守人員均在地面用無線電監聽其動態。飛機到達某一位置，必須向地面民航管制單位作口頭位置報告，由航管單位利用印字電報轉達各公司航務簽派單位，直至安全通過一定之區域，該區之監守人員方可安心。此項區域之劃分與航管有關，也與公司政策有關。飛行監守人員所負之任務亦係分區負責，有如航空交通警察，惟為公司自行派遣之交警，非民航局之交警而已。例如：由臺灣至香港，是以高雄以南若干哩為我國與香港航管區之分界線，飛機越過該緯度線時，應先後向臺灣至香港之民航管制單位報告。臺灣之航管監守人員確悉某機已安全通過某地，即解除對該機監守之責任。而香港管區之監守人員同時瞭解某機已進入其管區，旋即負起對該機之監守任務。飛機在空中發生任何特殊情況，飛行員均需向有關航管人員報告，必要時並可轉達公司OD。如飛機有輕微故障，但尚可安全飛行，需由地面準備零件，以便抵達時迅速修理更換，或航行途中有旅客突生疾病需醫生照料，監守人員於接獲通知後，立即轉達有關單位人員待命，俟飛機降落，即展開工作。

航路與航管（Air Ways & Air Traffic Control）

所有民航飛機，均須依照民航局規定，按儀器飛行規則（Instrument Flight Rule）計畫飛行。換言之，即使天氣良好，可以目視外界情況，亦須如此。因儀器飛行在任何情況下均接受民航管制單位之管制，可獲得最安全之航行。至於民航機訓練飛行與試飛，不在此限。

空中航行無論國內線、國際線，均有一定之航路與交通

網。航路空域為左右5哩寬,用代號表示,如RED 5即表示紅色第五號航路,BLUE 1即表示藍色第一號航路等。飛機在起飛前,飛行員必須由無線電申請航管許可,要求指示航路,航管單位接到口頭申請後,即按航機預先申請之航行計畫加以審核,指示起飛方向及應採何航路,以何高度爬升進入指定航線,及如何聯絡航管單位等事項。

航管係分段執行,逐區交接。飛機到達某區域導航電台上空,即行報告位置,且按照航管指示之高度飛行。因空中往來飛機眾多,相互間必須有適當之垂直及前後間隔距離,而航管單位亦利用雷達觀察監視其行蹤,並隨時作適當之指示。即使在空中交通頻繁之雲霧中飛行,亦可避免互相衝突之危險,對飛行安全極為重要。

氣象

氣象資料對於飛航安全至為重要。其蒐集、處理與預報均有一定之制度。如運用得宜,不僅可以有利飛航之順利完成,且可節省航行時間,直接降低營運成本。如在北半球冬令高緯度常有極強大之噴射氣流(Jet Stream)由西向東吹行。如航機亦係由西向東飛行,則應儘量選擇接近此一噴射氣流之航路,利用強大之順風(可高達每小時150浬)助航。反之則應避免其強大之逆風而選擇偏南之航路。夏令在颱風地區航行,則應注意颱風之產生及其動向,並根據氣象報告與預測,選擇最適切之航路達成任務。

由於近代噴射機多在高空飛行,而天氣之變化多在30,000呎以下,故航行途中雖極少受其影響,但起飛與降落之一瞬間,雖有良好儀器輔助,仍有賴駕駛員在目視跑道之情況下,方能安全完成任務。故起降時機場之雲高及能見度如何,極為重要。目前雖已有「自動降落系統」(Automatic

Landing System）之發明並經試驗成功，但使用時，跑道上之平面能見度至少仍需有700呎方可，著陸後再由駕駛員恢復操縱。又由於機上及地面裝置均需大量投資，故短期內難廣泛被採用。

氣象人員之培養乃爲專科教育，畢業後需參與實際工作多時，方能有準確「預報」經驗。惟自人造氣象衛星被普遍運用後，可由其所攝之氣象照片觀測天氣動態，便可瞭如指掌。故使天氣預報工作較前容易執行，確標度亦增高甚多，對航行安全與經濟貢獻匪淺。

氣象工作主要配合航機簽派，故多配屬於航務簽派單位。惟自航行計畫電腦化以後，若干大航空公司之航務簽派單位中已相繼取消氣象人員之編制，而將氣象資料定時輸入電腦，由電腦製作航行計畫，選擇最適切之航路。航空器簽派員亦多以電視、電腦作航機簽派與監守工作，節省人力頗多，已成今後發展趨勢。

航務訓練

任何新進飛行員，不論其在軍用航空或民航之背景如何，換飛某一新機種，通常均須經過公司之飛行訓練，方能擔任飛航任務。首要者爲有關飛機性能結構之地面學科，含公司各項航務政策之瞭解，其次爲模擬機訓練（Simulator Training）；此種訓練目前各航空公司均極重視，因模擬訓練係在地面實施，可縮短空中飛行訓練之時間，減低訓練成本，且增進訓練飛行之安全。此外，如空勤機務員之訓練、領航員之訓練（由於導航設備日新月異，領航員之需求已日益減少），亦均耗費人力財力頗鉅，但爲公司之一項重要資產，因若無安全之飛行即無法爭取營運，其理至爲明顯。

組員派遣

　　以組員派遣之工作而言，因民航局對每人之飛行時數有嚴格之限制，而各人之飛行時數又均不相同，合格機種不一，休息事病假時間均需考慮，故調派工作頗爲繁雜。按民航局規定：每一飛行員每月飛行時間不能超過100小時；每年總飛行時間不能超過1,000小時，每連續飛行若干小時也必須有最低休息時限，如某一月份飛行時間過多，即應下一月份減少其飛行任務，以資調節。因長途飛行爲一非常辛勞之工作，尤以洲際飛行爲然，因時差關係常使晝夜顛倒、生活失常、容易疲勞，需有充份之休息始能恢復體力。又如每月所飛航段選擇，若干公司採取按資歷分配選擇優先順序；或因公司龐大，採用電腦作業以代替人工計算與調配，各有所長。至於空服人員之派遣，亦本此原則分別由空服單位辦理。

飛航安全

　　由於民航機之製造日益堅固、舒適、可靠、導航設施亦不斷改進更新，飛機之操作日趨自動化，飛航之安全性也隨之增高。據英國倫敦名保險商洛德公司（Lloyd's）統計，地面汽車之失事率實較空中飛航高出24倍，而飛航之安全已高達99.99992％。民航空運得以逐漸普遍發達，此一因素之功實不可滅。

　　惟預防失事仍爲航空公司航務方面重要工作項目之一，因爲，除極少數之機務故障外，失事主因多係人爲或判斷錯誤所致。故對調查並研究失事原因（含地面及空中發生者），進而謀求改進採取預防措施，以及維護空勤人員心理與生理之健康，並與同業交換失事資料等，均爲飛安單位之主要任務。

機務

　　機務為一非常技術性而分工至細之專業工作。簡易者如清洗飛機，複雜者如雷達、發動機檢修、翻造及工程設計，則需訓練有素之專業人員方能勝任。由於工作範圍至廣，本節僅就航空公司修理工廠主要部門及執行維護制度之特點予以介紹。

修護部門

　　又可分機坪修護，基地修護，專業修護，及品質管制各部門。專業修護由修護部門所設之各項專業工廠執行；如電子、車床、鉗工、油縫、鍍煉、機工、焊工、電氣、儀氣、氣動附件（Pneumatic Accessory）、螺旋槳、儀表、精密工具、液壓、氧氣、輪胎、發動機等工廠。機上所有裝備零件及飛機本身各部分機件如有損壞，拆換後均送專業修護工廠修理，並經品質檢驗方可使用。如一公司擁有某一機種之飛機數量過少，自行修護必須增加儲備多種裝備零件與專業人員，並不合算，故可委託有此項設備之公司代為修護。

補給部門

　　負責修護部門所需各種零件器材之補給。航空公司購買一架飛機，需要儲備許多零件，擱置之資金所佔比率頗為可觀，為減低此項擱置之資金，同業間有相互分存支援之辦法。例如：兩家公司使用同一機型之飛機，甲公司在某地存儲之器材亦可支援乙公司在該地修護飛機時使用，乙公司不必自行存儲。乙公司在某地存儲之器材，甲公司需要時亦可

申請乙公司支援。如此各公司均可減少自存器材之存量，爲經濟運用資金之一項特殊措施。

定期檢修

保持飛機妥善之最佳狀況爲定期檢修。每一機種檢修之定期可能不同。各公司所採維護制度也大同小異，但皆係按使用時間分各種等級檢修，例如：中華航空公司之波音727，A 檢查爲 65 小時，B 檢查爲 250 小時，C 檢查爲 1,000 小時，D 檢查則爲 9,000 小時乙次。各級檢查之項目均有詳細規定，甚至打開機翼機身，用 X 光檢查樑柱，並作防腐防銹處理。由於此一制度之建立，故不論飛機已經使用多久，但各部機件與結構均因不斷檢查而得隨時修理更新，仍可安全使用；惟機身使用日久，金屬也易疲勞，檢查工作更爲仔細而已。

飛機大翻修費時甚久，影響派遣，亦影響營運收入，故目前各航空公司常有分段執行維護之辦法（Progressive Maintenance）在定期屆滿臨前若干時間，即利用夜間飛機停留地面時逐步實施檢查，藉以減少因定期大檢查而使飛機留置地面之時間至最低限度。惟如做抽換大樑等工作，則仍需進廠停留較長時間。

最低裝備需求單（Minimum Equipment List）

機務修護是否良好，關係飛行安全；其甚者，飛機即無法飛行，故航機派遣時，對機務方面之要求有一最低限度之標準，逐條詳列易於查考。如飛機某一部分故障，惟因並不影響飛行安全，仍可派遣，而某一部份損壞，則必須修理妥善後，方可放行，此爲航空公司保障安全所必須，飛行人員非常重視此一標準。航機派遣時，在機務上即根據此一標準

決定，每一機種之「最少裝備需求單」乃唯一準繩。

　　航空公司之產品為將旅客自甲地運送至乙地，但必須在安全之條件下達成；此項安全之保障，除飛行技術外全靠機件保持妥善，故航空公司之產品除營運人員在對外提供各種服務外，其內部工作最重要者實為航務與機務，如機務常發生故障、飛行不時失事，則該公司營運人員能力雖強，票價雖低，亦無法推展業務。

適航證

　　飛機每經重大修理後，或更改若干結構之設計時（後者尚須獲得飛機製造廠之簽證），必須經過品質管制查核，再請民航局有關部門派員檢驗，證明每一部門均經按照技術手冊規定執行檢修並已完全妥善，再經試飛後，由民航局發給適航證（Air Worthiness Certificate）方可參加營運。故不論飛機服役年限長久，機種是否老舊，如能獲得民航當局發給之適航證，均為航空器狀況妥善之保證。

顧客服務

　　航空公司通常在修護工廠部門之投資均極龐大，例如：飛機棚廠之建築、發動機及各種儀錶零件翻修能量之建立、各項技術人員之訓練與培養皆是。此種能量以本身機群之修護為主，但其剩餘人力與裝備投資亦可透過代理同業飛機及零件之修護減低成本，賺取利潤。修護工廠之顧客服務部門為推銷此種能量之機構。如公司之飛機，修護工廠若能獲得有關外國民航局之檢驗認可，並發給執照，即可擔任該國註冊之民航機修護業務，亦為技術勞務輸出，賺取外匯之道。

服務

　　航空公司之服務實於廣告宣傳時即已開始，直至將旅客安全送達目的地、走出機場為止。其間每一過程均為航空公司之服務，而工作人員表現之優劣、設備之良窳，均足以影響顧客對該公司全面服務之印象。其服務需求與順序如下所述。

資料提供

　　因為在大多數之情況下，極可能為顧客與航空公司代表間之首次接觸，印象優劣能否滿足其需求可能決定銷售之得失，除非某段航線僅有一家公司經營，或旅客急於成行而某公司班機時間最為合適，顧客當時毫無選擇。

　　通常旅客決定搭機後，勢必開始考慮選擇所欲搭乘之航空公司。若是計畫行程上有多家公司經營，則其平日耳聞目睹之有關觀感與批評可以幫助其選擇，然後以電話或親身訪問方式向其初選之對象探詢旅行資料，包括：班機時間表、旅行證件、票價等。在此一階段中，若按今日社會情形而論，顧客必多採用電話查詢，俟一切確定後，方赴航空公司或旅行社購票，因此航空公司主管必須不斷了解通達其訂位或票務櫃檯之電話線路是否經常暢通？線路是否不足使外界難以通話而需增加？職員是否常佔用電話談論私人事務？回答顧客訂位問題時是否聲調適中、愉快有禮，並滿足其需求？進而尋求改善。

賓至如歸

除非顧客經由旅行社購票，通常均先到航空公司之營業處洽詢並購票，因此其地點是否適中、內外裝飾風格如何，莫不為經營者所注意。一般之傾向，營業處多設置在交通頻繁之鬧區，且往往各航空公司之營業處均集中在某一條街或某一地區。因此爭奇鬥豔，多數豪華美觀、富麗堂皇。此種做法，固為競爭使然，但若為使顧客獲得良好之印象與安全感，實亦有相當需要，唯應以大方適度為止，以免徒增營業成本。反之，倘使完全不注意外表，亦會予人經營與管理不善之感；故如何適度並保持本國特有之風格，使賓至如歸，確為有關經理人員之課題。

至於票務人員之服務應對態度、禮貌與專業知識，直接影響顧客之心理與利益，其重要性自不待言。輪值職員之多寡，是否可迅速滿足顧客之需求？抑或使顧客久候而乏人應接？代顧客預檢旅行文件是否正確？在在皆為經營者必須不斷檢討之項目，以確保優良之服務。

迅速有效

機場辦理旅客報到手續是否迅速有效，引導旅客通過各項聯合檢查以迄登機，是否照顧周到，並使班機準時離場，乃為各公司運務人員（Traffic Agents or Passenger Service Agents）主管之重要任務。

由於購票或訂位工作可能由旅行社或其他航空公司或親友代辦，故旅客可能並未與航空公司發生直接之接觸，直至啟程之日，到達機場運務櫃檯辦理搭機手續（Check-in）時，方發生直接關係，故旅客對航空公司之首次印象極可能在此時逐漸形成。在此一階段內，如何提供最佳之服務，其原則

與前項（營業處所）並無不同。總之，就顧客而言，均希望在最短時間內愉快而順利的完成一切手續，並按預定時間離站。唯因各地國情不同。離到手續繁簡不一，又因近年來空中劫機及恐怖份子在機場恐嚇之事件不斷發生，各國政府及航空公司多相繼加強在機場之安全檢查，欲求迅速登機，有時頗多困難。此固對旅客增加不便，亦使航空公司之班機延誤率隨之增高，造成旅客不滿。

復由於航空公司對旅客攜帶超重行李須予收費，而旅客往往希望減免，因之難免有討價還價之情事。航空公司職員若執行規定過嚴，固易發生爭執，即或略為放鬆，則又有鬆緊不一之爭論。旅客不愜於心，或對當時之服務態度有所抱怨，均足以影響其旅途之情緒，而對後續之一切服務均蒙上一層陰影。反之，如旅客得以順利愉快登機，則雖尚未在機上接受任何空中服務，即有良好之開始，以後之一切亦易於接受與滿足。

舒適愉快

不論航程遠近，旅客之留空（在機上）時間，通常為與航空公司人員接觸最久之一段。因之在此一階段中，旅客感受之印象最深。舉凡空中服務人員儀態、笑容、應對是否適當，空中餐點、飲料是否豐富可口，空服用品是否適合需要，閱讀書刊是否足夠並滿足一般旅客之愛好，以及客艙與廁所之整潔、裝飾等，均為顧客品評之重點，所佔比重亦大，故為各公司之經營者所重視。

安全到達

安全到達目的地後之地面接待又為運務人員之職責。亦為航空公司提供全盤服務中之最後一環。善始善終，極為重要。否則前此各種安排與服務雖屬優良，若旅客因行李損失、或職員應對處理失當，則前功盡棄，仍難獲得好評。另如引導到達旅客過關，協助補填各式入境表格，扶助老弱婦孺辦理入境手續等，雖為極易討好顧客之行為，但航空公司職員個人之情緒極難控制，故每人是否都有此服務熱誠，並能持久不衰，實非易事。

綜合而言，航空公司之每一部門之工作均極重要。旅客由甲地至乙地，乘坐飛機，多需經過訂位、開票、運務、空服等單位之服務過程。各單位間之關係均息息相依，如有一環發生錯誤，整個公司之服務聲譽即會蒙受影響。因旅客對航空公司之印象為整體性的；某一部門服務有偏差，在旅客之印象中即是某某公司服務惡劣，並不以某一單位為指責之對象。故航空公司各服務單位在對旅客服務時，亦必須有整體之觀念。如發現某一部門工作有誤，必須全力設法彌補，絕不可因本身並無過錯，而任意在旅客面前暴露其他單位之過失，公司內部有錯可自行檢討，但對外服務則必須維持整體榮譽，使顧客有賓至如歸之感。顧客偶有在前一過程中對航空公司人員之服務感覺不滿，而在次一部門尋隙以求發洩者，如果次一部門人員應付得宜，亦可使旅客轉怒為喜，仍對公司留下良好之印象。故航空公司各部門人員應認識其服務之連鎖性、整體性，而在工作時充分相互支援合作，實極重要。

第九章

國家航空公司

定義

國家航空公司（National Carrier or National Flag Carrier）係指被政府指定代表該國依照既訂之雙邊或多邊國際民航協定所獲得之航線與航權經營國際民航空運之航空公司，不論是否為國營事業，抑係純屬民營。在共產世界與較落後之地區中，由於私人企業無法抬頭，或缺乏私人資本，此類需要技術與大量投資之企業均由政府經營。但在自由國家中，由於鼓勵私人創業、自由競爭，以及各國交通經濟政策各異，故其代表國家之航空公司，其經營者除純國營或民營外，尚有公民合營之形態，例如：代表日本之日航即是。

責任

國家航空公司既受政府之扶植，在航線與航權之獲得上，享有得天獨厚之優遇，故先天上較一般民營公司已處於有利之地位，是為其權利。但相對的，亦有其特殊之責任與義務。

任何私人企業莫不以營利為主，履行社會義務為副。航空公司亦然，更無法憑藉聲望而生存，故其營運多係依據所獲航權及市場調查之結果決定班機時間與班次。任何無利可圖之航線，除有副作用外，終將自動減少班次而至停止經營。此為一般企業管理原則，原無爭論之餘地。但代表國際

之航空公司則不能固守上述原則而忽視其應盡之責任與義務。蓋政府所以指定其代表國家經營某一航線，固為維持兩國或兩點間之空中交通，不為外商所獨霸或壟斷。但亦具有促進經濟與文化交流之作用。例如：增加國家之聲望、宣慰海外僑胞等，均屬額外無形收益。故即或某一航段已無利潤可言，甚或遭受虧損，國家航空公司為遵行政府政策，亦必須勉力維持。經營者在此種情況下，祇得盡力就各航段營業取盈補虧，使公司整體業務不致遭受重大之影響。

　　國家航空公司因擔負上述責任，而遭受經濟上之損失時，如該公司係屬國營，管理當局自無虧損與更張之慮，如其純屬民營，或公私合營，自將據理要求政府予以適當之補償，或變相津貼，方足以維持生存。例如：美國若干地區性航空公司之經營，早期多屬虧損，但政府為維持邊遠地區交通，每多透過國會或由州政府，年撥若干預算直接貼補其虧損，或減少競爭准許短期壟斷市場，迄該市場擴大營運好轉得以自足並獲得合理之利潤為止。至於變相津貼，方式頗多；例如：近年來國際空運競爭激烈，多數政府相繼鼓勵人民搭乘「國人」自營航機，或硬性規定公務人員出國、郵運及政府貨運限用國家航空班機等均是。惟對此項保護政策各國政府所持態度與辦法不同，亦易引起連鎖反應，且因商業行為往往超越政治，價格與便利仍為一般消費者所重視，故在官方雖可有效執行，但在私人方面實難發生顯著作用。

第十章
美國航空公司

中外航空公司僅以美國舉例為代表。美國為目前世界上航空事業最發達之國家，由於其幅員廣大、工商業繁盛、人民生活水準居世界之冠，故對航空器之利用極為普遍。數以百計之航空公司，因規模不同、競爭劇烈，其國內空運經營即有下列各種區分，特舉例說明之，但若干名稱與其經營方式亦難有明確之界限。

幹線

幹線（Trunks）──其航線網遍佈美國各大城市或中等城市，惟亦各有其重點。例如：西北（Northwest）、西方（Western）、聯合（United）、泛美（Pan American）、美航（American）、大陸（Continental）、東方（Eastern）、環球（TWA）、National、Delta，以及 Braniff International 等十一家大公司，其中亦多兼營國際線者。聯合雖僅經營國內線，但擁有各型飛機近400架，號稱世界上擁有最大機群之航空公司。美航則以純美國式之空中招待號召，莫不在表現各自之特色，以引起旅客之嚮往。

區域性航線

區域性航線（Locals）──經營規模較幹線稍小，但因美國地廣，故其航線網仍甚可觀。屬於此類者，例如：Frontier、Hughes Airiest、North Central Ozark、Piedmont、Southern、Texas International、Allegheny 等公司。如

Allegheny 之航線包括美國東北部，但亦北越國界，通達加拿大之蒙特婁（Montreal）和多倫多（Toronto）。區域性航線包括如下：

◇地區性航線 Regional：如，阿拉斯加航空公司 Alaska、夏威夷航空公司Hawaii、Aloha、Reeve、Aleutian 四家，其營業均以各該地區為限。

◇州內航線 Intrastate：如，Air California、PSA、Southwest 等航空公司，專經各該州內航線。

◇區間航線Commuters：此類公司專飛小城市，多用螺旋槳飛機，每機載客亦不甚多。如Air New England、Air Wisconsin Cascade Airways、Golden West Wright Airlines 等。

補助航線

補助航線（Supplements）以經營軍民用客貨定期或不定期包機為主，裝備不次於幹線航空公司，航線泰半不定，惟因需求不同，可飛達世界各地區，例如：Capital、Johnson、Mculloch、Modern、Saturn、Overseas、National、TIA、World 等。

第三篇　航空公司之票務

第十一章
市場行銷

定義

市場行銷乃發展營業，增加銷售，並保持產品在市場上具有強大競爭力之主要手段。

業務

市場調查

此項工作之目的在於瞭解市場之現況、需要和潛力，以供為設計或改良產品之依據。營業計畫及發展，均有賴之，故其重要性絕對不容忽視。茲以開辦新航線（等於製造新產品）為例，說明市場行銷各部門之工作內容，以及相互間之因果關係。

案例：開闢臺北至倫敦定期航線

本案之市場調查要項應合於以下資料：

1.臺北、倫敦兩市及兩國人口若干？旅行者之構成比例。
2.兩國經濟狀況、個人所得及購買力分析。
3.兩國間之貿易量，貨物種類及價值？
4.兩國間人民往來數量、旅行性質、季節性變化？

5.兩點間有無其他航空公司飛行？如有，其路線市場佔有率各若干？使用何種裝備及班次？

6.兩國間航權協定如何？有何限制（例如：運量、裝備、中間站等問題）？

7.兩點間航路之選擇，有無任何限制考慮？

8.兩地機場設施如何？有無夜間起降、噪音管制等限制？

9.票價及貨運費率市場如何？

10.如該航路因技術或商業理由必須中途停降第三點，如曼谷或孟買（Bombay），且可獲得該地第三、四、五航權時，則對該中途站應做上述各項同樣之調查，以獲悉該市場之客貨運流量及其發展潛力。

產品設計

依據前述蒐集之資料，再以主客觀各因素加以分析考慮，方可進行產品設計工作。例如：開闢臺北至倫敦新航線之作法，並研判其可行性、獲利性。就本案而言，吾人應就下列各點達成結論：

1.決定採取之航路及中途停降站（如屬直達則可免除）。

2.使用裝備（機種）、每週班次、離到時間表及季節性之變化。

3.採用單一等級（例如：全經濟座客艙）、抑或尚有商業艙及頭等艙、或在主上艙加裝貨櫃。

4.決定空中服務項目，例如：電影、餐飲種類、贈送小禮品等事項。

5.安排有關各站地面勤務，自理抑或委託其他公司代辦較為經濟可行。對頭等艙及商業艙乘客是否提供特別候

機室之服務。以上各項均爲組成新產品之要素，其足以影響新產品之品質及競爭力。

行銷計畫

統一而完整之行銷計畫可使新產品順利打入市場，增加產品之暢銷性與成功性，故其籌劃至屬重要。以開闢中英新航線而論，其行銷計畫應包括：

1. 在倫敦及中途站是否開設分公司主持各該地區之營業，抑或委託他人擔任總經銷商（General Sales Agent）。
2. 在有關各站舉行促銷活動，例如：開航酒會或招待記者旅遊界人士搭乘首航班機等計畫。
3. 贈送紀念品及宣傳單手冊等，以推廣知名度。
4. 打入市場時之策略、含票價等問題，必須事先妥善考慮。由於以低於市面票價之方法，爭取市場佔有率，固宜於短期內獲得顧客之光顧，但同業之競爭者亦可使用同樣手段反擊。故仍應以提高全面服務品質爲爭取顧客的主要手段。

廣告招徠

廣告爲推銷產品手段之一種，但究需經費若干方稱適切，迄無一定之標準。大體而言，廣告之宣傳可分兩種方式：一爲軟式，主在建立公司之良好形象；一種爲硬式，主在強調產品之特點及其優良性。打入新市場之初期，必須儘早逐步加重宣傳之分量，以喚起消費者之注意，進而激發其購買慾。媒體之選擇，則應首先考慮其閱讀者是否爲吾人爭

取之對象，其知名度如何，再視本身預算多寡，量入爲出審慎運用。至於廣告篇幅之大小，刊載是否密集，當亦視財力及目的而定。通常若在預算有限之情況下，似以篇幅較多爲宜。若期求廣告醒目，易於吸引顧客注意，則另當別論。內容設計則應注意主題，並具創造性。

　　廣告預算之多寡對銷售額直接影響頗大，在自由市場中已爲不爭之事實，且往往多成正比。但到達某一程度時，廣告費再多，銷售額亦不能再呈比例增高，此即經濟學上所謂之「報酬遞減論」（Diminishing Return）原理，故需視市場需要情形靈活運用爲宜。

研究發展

　　任何產品問世後，其銷售成果固爲業者所重視，但顧客之反應爲何，更加不容忽略。因而有賴市場調查以明究竟，並利改良。但更爲重要者即爲產品之持續研究及發展，方能增進銷售。此項工作應屬經常性者，故應享有適當之財務支援以竟其功。

　　就空運業而言，數年前開始興起「商業級客艙」（Business Class），即爲研究發展成功最佳範例之一，使客機艙位之等級發生革命性變化。

　　商業艙興起之背景有四：

1. 自1980年開始，世界經濟因第二次油料危機之衝擊發生不景氣，旅客遽然減少。但各航空公司正陸續換裝廣體機，加之美國空運政策自由化後，市場可售座位急劇增加，供過於求、市價低落、折扣流行。惟類此

廉價票價對旅行間及通用時效仍多限制，故僅適合一般觀光遊客之需求。

2. 空運旅客中約有 10% 強（亦視市場及航段而定），係因公務或商務從事旅行者。此類人員因行程多變，為免受上述廉價票所有之各種限制，往往均由服務機構代購正常全額機票，所付代價自較前者為高，惟經濟艙內（頭等票乘客例外）所受之待遇則皆相同，以顧客而言似欠公允。所設之商務艙內不僅座位本身較寬大，前後座位間之距離亦較長，免費交通運行李與頭等艙乘客同為 30 公斤，餐飲種類可供乘客選擇，且少嬰孩干擾。故頗受公務及商務人員歡迎。

3. 經濟之不景氣，不僅使一般遊客減少，對各商社而言，亦多緊縮預算，減少開支，謀度難關。因此，除少數大公司及政府之高級主管旅行時仍採用頭等艙外，其餘中下級主管改用商務艙，較為經濟實惠。

4. 供過於求迫使業者削價求售之結果使大部份航空公司經營困難，利潤不僅急劇下降，且多轉盈為虧。長此以往，自非善策。為增加公司之收益，迎合市場之新需求，添設商務艙乃應運而生，且為業者爭相效法之「流行產品」，其需求仍在繼續增長中。業者亦相繼擴大其商務艙所佔比例，加強服務品質，以廣招徠。

研究發展之成果並非每案保證成功。日本航空公司繼商務艙成功之後，曾於 1982 年 11 月 24 日宣佈，而於次年 2 月及 4 月分別在各地區推出所謂之 "Super J. Class"，起初譯為超級商業艙——卻為失敗之案例。該產品出現後，使日航國際線客機變為四等級，售價如係自日本出發則較一般商業艙票價增

加 10%，其他在歐洲、美洲及亞洲則另加 5% 至 12% 不等。日航為推廣是項產品，不僅刊登巨幅廣告於各大報紙，並特別舉行「新產品發表會」，招待旅遊界及新聞界。惟不久因生意清淡、乏人問津，遂又宣佈取消。

綜合而言，市場行銷工作必須經常檢討，研究、發展、求變、求新。任何市場狀況變動，必將直接影響現有產品之去留或改變。故從事此項工作者，必須具備專業知識，不斷注意市場動態，竭盡所能，創造新產品，以刺激消費者之購買慾。絕不可滿足現狀、停滯不前。諺云：「學如逆水行舟，不進則退」。以此比喻在自由經濟社會中從事市場行銷工作者之處境，極為恰當。又有業者認為：「市場行銷工作對公司之生存及發展，其重要性有似人體之靈魂；魂之不附，體將自腐。」亦非過度誇張之辭也，值得吾人三思。

後頁所附圖 11-1 「市場行銷程序圖」顯示各項作業之相互關係，因果與重點，極具參考價值。

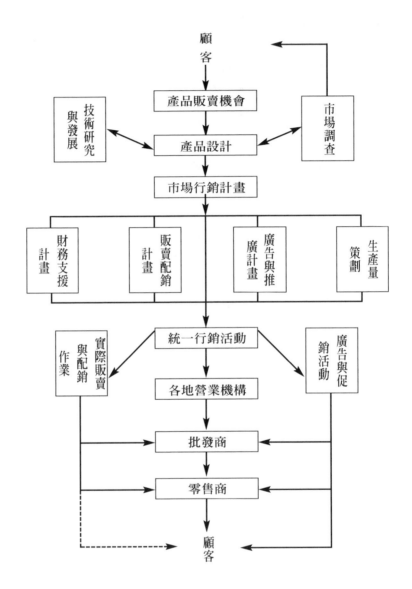

圖 11-1　市場行銷程序圖

第十二章
航空機票

定義

　　航空公司發售的客票上須載明開票地點、日期、有效期限、等級、行程、旅客姓名、票價稅捐（我國之6%，已於1989年元月取消）計算、免費行李重量、起訖點、航空公司代理店名住址及運送契約。

　　由於機票是由四聯所構成，故應稱一本機票而不是一張機票：

◇審計存根據（Auditor 's Coupon）。
◇公司存根據（Agent 's Coupon）。
◇搭乘存根據（Flight Coupon）。
◇旅客存根據（Passenger Coupon）。

機票之使用

使用機票應注意事項如下：

1. 審計存根聯與公司存根聯應於填妥機票後撕下，若是由旅行社開票，則在作報表時，以審計票根為根據，作成月報表及支票一併繳送航空公司，公司存根聯由航空公司歸檔，並將旅客存根與搭乘票根一併交予旅客使用。

2. 搭乘票根必須依照出發地之順序使用，並且保存所有未

經使用票根與旅客存根，旅客在機場辦理登機手續時，應將旅客存根及搭乘票根一併交予航空公司，否則航空公司有權拒載。

3.機票不可轉讓他人使用，對於冒用所引發之死亡、受傷、行李遺失、損毀及延誤，或遭他人冒名退票等事，不管原持票人事先是否知悉，航空公司恕不負責。

4.茲將旅客可能會被拒絕搭載之情況列舉於下：

◇使用塗改過的機票。

◇使用逾期的機票。

◇遺失搭乘存根聯。

◇撕錯搭乘存根聯（有可能會被航空公司職員誤撕）。

◇未辦理預約訂位，飛機又在客滿之情形下。

◇受折扣優待票的限制。

航空機票之種類是由不同之票價及待遇而區分，大體上可分為普通票（Normal Fare）、特別票（Special Fare）、優待票（Discounted Fare）等三類。由於各類之運輸條件不同，又細分為各種不同之票價，茲分別說明如下：（1）普通票；（2）優待票；（3）特別票。

普通票

普通票（Normal Fare）也稱為全票（Adult Fare），即為一年有效期限之機票，凡年滿12歲以上的旅客，均應購買全票，而且只能占有1個座位。又依照機艙等位而言，可分為頭等、商務、經濟三種。

資料來源：復興航空運輸股份有限公司提供。

頭等艙

　　頭等艙（First Class）指比較高級之服務享受，包括：寬敞舒適的座位，免費托運40公斤之隨身行李，免費供應佳餚、酒類、飲料。其在發行機票之「等級」（Fare Class）欄中，頭等艙略號「F」，另一種First Class Premium如同頭等艙，但收費比頭等艙昂貴，僅部份航空公司有此艙等位。

商務艙

　　此等位之票價有時與經濟艙相等，有時略高，端視各航空公司之規定，乃是為適應商務旅行，在機上有較舒適隱密之安排，緊接在頭等艙後面。1981年4月，由新加坡航空公司首先推出，頗受歡迎，其他航空公司亦跟進。商務艙（Business Class）之等級代號有「C」和「J」（Business Class Premium）兩種，免費托運行李重量為30公斤。

經濟艙

　　緊接著商務艙的經濟艙（Economy Class），其飲食略遜於J與C艙，在東南亞、東北亞地區飛行班機上免費供應飲食，在此外地區之酒類飲料即須收費，但飛航美國線之大部分航空公司，對此仍然免費供應，其免費托運行李為20公斤，「等級」欄之略號是「Y」。另一種「M」（Economy Class Discounted）乃是比經濟艙等位之票價為低的票價等位。

　　此外之等位「K」（Thrift Class）即平價艙，因票價很低，艙位設在機尾，座位雖與Y艙相同，但在機上不供應飲食，旅客必須自備或付錢，一般情形只限於美國國內航線。而「R」（Supersonic）即是超音速班機，並不表示艙位，因只適用於遠距離之飛航，目前僅在橫渡大西洋航線上有此種班機。

優待票

　　優待票（Discounted Fare）係指以普通票價作為基數而打折扣的票價，如：（1）半票或兒童票（Half of Children Fare，簡寫CH或CHD）；（2）嬰兒票（Infant Fare，簡寫IN或INF）；（3）老人票（Old Man Fare）；（4）青年票（Youth Fare）；（5）學生票（Student Fare）；（6）船員票（Seamen Fare）；（7）家庭旅行票（Family Plan Fares）；（8）領隊優惠票（Tour Conductor's Fares）；（9）移民票（Emigrant Fare）；（10）代理店優待票（Agent Discount Fare，簡稱A.D）等。

半票或兒童票

就國際航線而言，凡是滿2歲未滿12歲的旅客，必須和購買全票之父、母或監護人搭乘同一班機、同等艙位，即可購買其適用票價50%的機票，並如全票佔有一座位、享受同等之免費行李。就國內航線而言，各國規定不一，年齡與百分比不盡相同，但票價之百分比為66.7%。

嬰兒票

凡是出生以後，未滿2歲嬰兒，由其父、母或監護人抱在懷中，搭乘同一班機即可購買全票10%之機票，其年齡以旅行日為準，即使在旅途中持票人已超過兩週歲時，仍不必補票，但不能佔有座位，也不能攜帶行李，僅以手提行李的名目下，攜帶搖籃及嬰兒用品。亦可事先向航空公司申請搖籃，每一旅客只能購買嬰兒票一張，如超過一人時，第二個嬰兒即需購買兒童票。又無人陪伴的兒童及嬰兒之一般規定：

◇需有送機及接機者。
◇3個月以下嬰兒，各航空公司皆不接受。
◇務必與有關航空公司聯繫，是否需要其他證件、文件，或是否需要專人陪伴旅行。

老人票

現階段我國規定，65歲以上之老人（限中國籍），可憑身份證購買國內航線半價優待機票搭機。而美國西北、達美航空也自1988年推出60歲以上乘客，依搭乘等級、時間之不同，國內線給予7至9折的優待。

青年票

為鼓勵青年人休假出遊，規定某一年齡之青年可買青年票（Youth Fare），但不能訂位，須俟遇有空位方可搭乘。

學生票

凡年齡屆滿12歲以上，未滿26歲之在學學生，得購用頭等或經濟等級之75折之學生票（Student Fare），且有些地區對年齡限制甚至於寬至30足歲，或其優待折扣提高至50%（留學生赴美不適於此項規定）。

船員票

有關船員票（Seamen Fare）的規定，依IATA規定凡遠行遠東與歐洲間或TC－3地區的船員團體，其人數在20人以上者，得享有55折或65折優待。又自1971年4月起在TC－3地區及飛越太平洋航線，新設75折之船員個人優待票價即使經濟艙之船員票，其免費托運的行李重量通常可達30公斤。

家庭旅行票

為家庭旅行所適用的優待票價，只限於在美國及加拿大之國內航線及一部分國際航線才有此種優待制度。即家庭成員中的一人購用全票後，其餘的家人得購用規定的減價優待票。

領隊優惠票

領隊優惠票（Tour Conductor＇s Fares）乃航空公司為協助及促使向大眾招攬的團體，能順利進行適用於旅行嚮導之優待票。

IATA規定：

◇10 至 14 人的團體，得享有半票 1 張。

◇15 至 24 人的團體，得享有免費票 1 張。

◇25 至 29 人的團體，得享有免費票 1 張及半票 1 張。

◇30 至 39 人的團體，得享有免費票 2 張。

孩童票（半票）即以兩人折算 1 人，但嚴格規定這種優待不能影響票價之減低。

移民票

凡持有中華民國護照的旅客，到美國均可購買移民票（Emigrant Fare）。但其限制是：必須由台灣直飛美國西海岸，中途不得停留。

代理店優待票

凡在旅行代理店擔任遊程策劃、設計及銷售等工作達 1 年以上者，得申購打 25 折的優待票。因此，有 1／4 票（Quarter Fare）之稱。但 IATA 指定的代理營業所，每年只能購買兩張，效期自發行日起 3 個月為限，其目的為利用國外旅行，提高代理店職員之業務知識。

特別票

特別票（Special Fare）係指除了普通票與優待票外，訂有特別運輸條件之票價。即在特定的航線為鼓勵度假旅行或特別季節的旅行，或基於其他理由所實施的優待票價。例如：旅遊票價（Excursion Fare）、遊程票（Inclusive Tour Fare），團體包括遊程票（G. L. T. Fare）及社團同業團體票（Affinity Group Fare）等。IATA 對於特別票價方向，有種種

的限制及規定，例如：適用地區、適用期間、最低停留日數、效期、團體人數，能與其他票價之結合與否、孩童、嬰兒票之適用與否、中途下機停留、團體或個人行動、旅程變更、最低遊程價格、陸上住宿及運輸工具之安排等，都有詳細的規定。以下列舉一般常見之特別票價：（1）臥舖票（Berth Charge）；（2）環行或環球票（Circle Trips and Round the World Tours）；（3）夜間票（Night Coach）；（4）來回票價（Round Trip Fare）；（5）航空公司職員票（Air Industry Discount）。

臥舖票

中太平洋航線上有出售臥舖票（Berth Charge），凡欲在此利用臥舖者，必須提出醫生證明及購用頭等票，並另外收取臥舖費用。

環行或環球票

環行或環球票（Circle Trips and Round the World Tours）之票價多按里程計算，約減低5%。

夜間票

夜間票（Night Coach）乃因若干航線，日間生意興隆，夜間回程時刻生意清淡，若僅單程旅客搭乘，殊難維持成本，所以降低夜間票價，爭取旅客，亦頗受收入較低人士之歡迎。

來回票

來回票（Round Trip Fare）1年內有效，較兩個單程票價約低5%，此種優待已漸被取消。

航空公司職員票

　　航空公司職員票為俗稱所謂之「飛牒」。凡在航空公司服務半年以上者（端視各航空公司之規定），可取得免費票（Free Ticket），若自家公司與其他航空公司相互簽約，亦可申請其他航空公司之1／4或1／10折扣之優待票。航空公司職員票（Air Industry Discount）旺季通常不得使用，亦不能事先預約訂位。

機票有效期限

普通票

◇以普通票價填發之單程、來回或環遊機票，自開始旅行日起1年之內有效。

◇機票未經使用時，即自填發日起1年之內有效。

◇機票中如包含有一段或多段之國際優待票部分，而其有效期限比普通票為短時，除非在票價書另有規定，該較短有效期限規定僅通用於優待部分。

◇旅客開始旅行後，不管票價調整、增減皆不受其影響。但如於購票後，尚未開始旅行前票價調整，其票價增減則需依照新票價調整。

優待票

　　優待票之有效期限，雖各依其票價另有規定，但通常有效期限較短。

第十三章

機票之填發

機票填發

填發機票的重點如下：

◇填發機票時所有英文字母必須用大寫字體，不可潦
草，且需用原子筆填寫。

◇填寫姓名，姓在先，然後加一撇（／）接著寫名字，
或名字縮寫（Initial）。

◇避免塗改，因塗改可使機票變成無效。

◇機票為有價證券，應妥予保管。

◇如一本機票不夠填，需填第二本機票時，應按機票號
碼順序填發，避免跳號。

◇在撕下審計票根與公司存根時，應注意避免將搭乘票
根一併撕下，如有搭乘票根需作廢時，應一併撕下，
與審計票根一併送航空公司。

機器所開的機票樣本

◇每一旅客使用一本機票，不可共用（包機除外）。

◇如一城市有二個以上之機場，而到達與離開之機場不
　是同一機場時，應在城市名稱下面，填寫到達機場名
　稱／離開機場名稱。

出票

出票

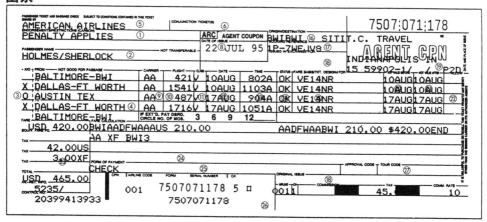

資料來源：Todd Ginger and Susan Rice, 2 ed, Travel Prospective: A Guide to Becoming A Travel Agent,
New York: Delmar Publishers, 1966, pp.60~61

出票欄位說明

①轉讓與旅程變更限制
（ENDORSEMENTS/RESTRICTIONS（ARBON））

例如：NOT ENDORSABLE —— 不可轉讓

NON REFUNDABLE —— 不可退款

NON REROUTABLE —— 不可變更行程

ENDORSED TO CI/SEL FROM KE/SEL —— 表示在漢城之 KE 將載客權轉讓予漢城之 CI，如此一來，旅客就有權搭乘 CI 之飛機。

此外，對於機票之有效期間及運費適用上之限制也可在此欄標示出。

②旅客姓名（PASSENGER NAME）

規定在書寫人名時除用英文大寫，並應將姓先寫在前面，名寫在後，再加上符合旅客身分之稱呼，例如；MR 、MRS 、MSTR 、MISS 、MS 、PROF 、CAPR 、DR 、SIR 、LORD 、LADY 等。

此外，對於特殊需求者而需填寫之代號尚有：

1. LEE/MIN HO MSTR （UM2 ： Unaccompanied Minor）

此是針對無人陪伴之孩童搭機時，航空公司可以採取適當的措施。

2. CHEN/Y MR （DEPR ： Deportee）

針對非法入境的人或係強遭遞解出境的人士，因為無法親身持有機票搭機或係沒錢購買機票，航空公司需預先處理的情形下皆以 DEPO 表示。

3. SMITH/CHIMING MR 3/DEC 83

適於青年票之使用，為了確認該旅客在機場搭機時之年齡是否適用青年票時，則在開票時即填上旅客之出生年月日。

③如有過境不停留者，應在此城市之前面加寫「X」以表
　示不准停留

　　而停留者通常係不加任何標示。所謂之不停留，即表示
旅客只能在此城市轉機，而不能出境。如欲出境，即應在前
站辦理 Check-in 時，就先表明，若是停留地之簽證也沒問
題，通常只要補繳差額即可。

④填寫旅客擬停留或須換班機的城市全名

　　務必照計算票價時的城市順序先後，不可更改，未填完
之空白欄則以 VOID 表示，若是遇到一個城市有二座以上之機
場時，需在該城市之後，填寫旅客出入境時機場代號。例
如：PARIS/ CH DE GUALLE，如同時填兩個機場代號時——
NEW YORK/JFK /LGA（JFK ：出境機場代號；LGA ：入境
機場代號）。

⑤出票之航空公司

　　表示出票之航空公司名稱，票面上旅客之行程所搭之班
機並非一定都是同一公司之班機，因每家航空公司之行程有
限，不得能完全符合顧客所需。

⑥填發連接機票票號

　　填寫連接機票的票號，號碼需照先後順序而且連號，此
乃因應行程較長，一本機票不夠填，需用到二本或三本的機
票時，為相互連接下去出票所填寫的。

◄◄
⑦機票聯代號

表示機票聯之代號。例如：

FLIGHT COUPON　　1
　↓　　　　　　　　↓
搭乘存根聯　　　搭乘聯之第一張

⑧開票日期

表示開票時之日期，是以日月年之順序填寫。例如：

08	JAN	91
↓	↓	↓

開票日　一月之　1991 年
且須以　前三個　取後位數
二位數　英文字　表示即可
表示之　母縮寫

⑨填寫旅客所搭乘航空公司的縮寫

　　一般而言旅客只能搭乘CARRIER 所指定的航空公司，不得隨意變更，除非因特殊事件（例如：旅客雖訂位OK 且RECONFIRM，但因OVER BOORING 而無法上機時）而經由航空公司同意轉讓，才可變更CARRIER 。

⑩填寫班機號碼

　　班機號碼應為三位數，如為個位數，也應在前以 0 補足為三位數，如遇行程中，有陸路或海路而不搭飛機時，則以VOID 表示。

⑪填寫訂位等位

填寫訂位時之等位，例如：

R supersonic

P first class premium

A propeller first class

F first class

J business class premium

C business class

Y economy class discounted

K thrift class

M Economy /tourist class

⑫填寫啟程日期及月份

日期也務必爲二位數，月份即以每月的前三個英文字母縮寫填寫。

⑬填寫啟程日當地班機之起飛時間（當地時間）

以四位數字表示。如下午5時半即爲1730。

⑭訂位狀況

表示訂位狀況：

OK 機位訂妥

RQ 已去電訂位，尚未訂妥

SA 不得訂位的候補票

NS （NO SEAT）嬰兒無座位

若⑩、⑫、⑬、⑭皆未填寫，僅以OPEN 表示，則表示旅客在購票時未明定啓程日期、班次。

⑮填寫使用票價之等位縮寫

與「class」稍有不同，除了表示票價之等位，其內容尚包括票價折扣之性質，優待票之有效期限等。其代號（code）亦包括三個部分：

1. PRIME CODES FARE TYPE CODE 即與class 欄所載的類似。

2. SECONDARY CODES-QUALIFICATION 係位於 PRIME CODE 之後。

    H —— 有一種以上季節性票價中之最高者

    K —— 有二種以上之季節性票價之第二高者

    J —— 有三種以上之季節性票價之第三高者

    F —— 有四種以上之季節性票價之第四高者

    T —— 有五種以上之季節性票價之第五高者

    L —— 有一種以上之季節性票價之最低者

    N —— 夜間旅行票價

    U —— 不可事先訂位票價

    W —— weekend 只限週末旅遊用

    X —— weekday 除星期日外，平常皆可使用

3. DISCOUNT CODES 表示各種優惠折扣，其代號如下：

EXCURSION FARE

	SEOUL	YHE120		AMMAN	FEIM
	LOS ANGELES	YHE120		KUWAIT	FEIM
	NEW YORK	YHE120		AMMAN	
	SEOUL			VOID	
	VOID			VOID	

MILITARY FARE

SEOUL	YM		EL PASO	M
LOS ANGELES			LOS ANGELES	
VOID			VOID	

SPOUSE FARE

TOKYO	YP
SEOUL	YP
PUSAN	YP
TOKYO	
VOID	

B: BUDGET FARE

D: DISCOUNTED FARE

E: EXCURSTON

M:MILITARY 一Maybe used alone if applying to Military
　　Stand-by Fare

P: FAMILY FARE OR SPOUSE FARE

Z: YOUTH FARE

AP: ADVANCE PURCHASE FARE

AB: ADVANCE PURCHASE FARE-Lower Level

BW: ROUND THE WORLD

YM: MILITARY RESERVATINOS FARE-Used alone

⑯填寫旅客旅程上的起點及最後一站的城市全名

　　位於其旁之SITI 是Int'l Sales Indicators，是新票價制改
為NUC 後，所新採用的。

⑰**填寫旅客訂位資料代號**

通常係由6個英文字及數字所組成。

⑱**填寫出此機票時之票號或交換券號碼**

原先機票在開出後，因某些原因（YE17之優待票換爲普通票時）必須重新再開票時，除了必須在「ISSUDE IN DXCHANGE FRO」欄填寫原票代號或票號，還須在「ORIGINAL ISSUE」欄填寫原票之開票地點——日期、其代理店代號。票則由航空公司收回。

⑲**蓋鋼印及出票者簽名**

若是電算印出之機票，則無需另外蓋鋼印或簽名，由電算自動印刷機直接印出即可。其內容包括：出票地點、日期、航空公司，而經由代理店發行之機票還需印上代理店之代號。除了由人工開出之票需由出票人直接簽名外，票上之出票地點、日期、航空公司若也是由人工直接填入，此票則視爲無效。

⑳**填寫開始使用該段機票之日期**

㉑**填寫終止使用該段機票之日期**

一般普通票之有效期間係自旅行開始之次日始，爲期一年，所以不必特別填寫日期。但優待票之有效期則較有限制，因而除了有日數上之限制，日期上之限制亦有，甚至有些優待票，更規定對於既定行程之飛機班次、日期，不得變更。如，於「FARE BASIS」欄填寫YE 17則表示旅客票上行程之始末，需於17天之內完成。

㉒填寫免費行李重量或件數

Piece System：係指飛航於美國、加拿大之班機、航次所適用之行李制度，不論搭乘之座艙等級，一律是2pcs。

Weight System：除飛航上述地區，所適用之行李制度，頭等艙之免費重量爲30kg。經濟艙之免費重量則爲20kg。

㉓FARE 填寫全程票價

貨幣單位可用美金或本國貨幣。

EQUIV FARE PD 填寫旅客付款幣值及金額。

TAX 填寫旅客應付稅金。我國已取消6% 之航空捐。

TOTAL 則係FARE 加TAX 之合。

各國之貨幣單位如下：

KRW 韓幣

TWD 台幣

USD 美金

JPY 日幣

DMK 德國馬克

CAD 加幣

FLO 法郎

㉔填寫城市代號

填寫旅客行程上之城市代號，搭乘航空公司代號及票價計算方法。

㉕付款方式

付款方法

1.CASH ——表示用現金或旅行支票付款。

2.CHECK/AGT ——用支票付款即用 CHECK 表示，而經由旅行社之介入購票，則以AGT 表示。

3.TP11200456781134 ——當用信用卡購票時，所填寫的TP 則是某信用卡種類之代號，後面之數字則是此信用卡之號碼。

TP　　Universal Air Travel Plan　〔UATP〕

AX　　AMERICAN EXPRESS CARD

DC　　DINERS CLUB INTERNATIONAL CARD

VI　　各種之VISA CARD

MA　　MASTER CARD

JL　　JAPAN AIRLINES CARD

MC　　MILLION CREDIT SERVICE

4. PTAGT －則表示以PTA 之方式出票。

㉖ 機票號碼

1	688	4411	584894	0
coupon NBR	日本亞航 代號	第二個4代表 有4聯可使用的機票	票號	檢查碼

㉗ 團體代號

大部分係針對Inclusive Tour而言，當購票之旅行代理店獲得航空公司之認可，則航空公司會給予認可代號。這種Inclusive Tour 認可代號則填寫於TOUR CODE 欄。例如

IT	6	KE	3
Inclusive Tour	認可年度 之末尾	認可之 航空公司	認可區域

通常這種票，旅客必須按照票上之行程旅行，而無法更改行程或是日期、班次。

第十四章
機票之訂位、促銷與配額

世界各國航空公司甚多，航線複雜，票價規定經常在變，絕非一般票務營業人員所能記憶，故不時需加訓練。至於如何簡化，確為當前民航空運業之一課題。票務方面，現有兩種重要之參考資料必須隨時應用，一為WAG（World Airways Guide）。一為OAG（Official Airlines Guide）兩者編法不同，其中皆係記載各國航空公司飛機班次、時間、票價、使用裝備等資料，專供同業營運人員查閱。

訂位

訂位（Reservation）目前多已用電腦作業，對於訂位管制已較昔日容易方便，祇需將旅客行程等資料送入電腦，隨時可就電腦顯示各班機之訂位情形。訂位服務並不僅在預訂機位，如旅客因宗教信仰或其他原因需供應特別餐食，無成人陪同之孩童旅途需要照顧，或因身體殘障疾病需供應輪椅擔架服務等，均可在訂位時說明，由訂位單位通知沿途各站有關單位準備並照料。

訂位往往有重複者，若干旅客惟恐臨時無法確實獲得機位，或因自身無法控制時間，常向數家航空公司同時訂位，而事實祇需搭乘一家班機。及待成行，亦不通知取消不需要之機位，旅客可不負責任，亦無任何損失，但在航空公司則往往因此產生空位，蒙受其害。因機座形同「易壞品」（Perishable Product），起飛前無法臨時削價拉客，補滿空位。航空公司為補救此種可能之損失，因之不得不有超額訂位（Over Booking）之措施，其超售比率多視平日臨時缺席旅客人數之多寡而定。故如估計錯誤，不免引起旅客抱怨與困

擾，但在旅客臨時取消行程或改搭別家班機之責任未確定前，航空公司為維護本身利益而出此下策，實難加以責備。

　　為加強訂位管制，航空公司在班機起飛前必須施以定期清查工作，並使用各種方法保持與旅客聯絡。起飛前24小時，並再做一次查詢工作，以確定旅客是否搭乘預訂之班機。旅客由別處來，也要求其合作，用電話自動向航空公司辦理再確認訂位手續。

　　航空公司之訂位人員應視同營業人員，均為向顧客直接販賣產品者。惟前者僅賴通訊裝備與顧客接觸，故稍被動。訂位工作者反應之快慢、使用言辭、語氣、禮貌、提供資料內容是否周詳、是否滿足顧客要求，均直接影響販賣成果。據美國旅行社公會反應，該會同業多以航空公司訂位效率為其向顧客推薦之標準，頗值參考。

促銷

　　促銷（Sales Promotion）活動與廣告宣傳具有相同之目的，即增加銷售推廣營業。與產品有關之各種展覽會、球賽、表演，或同業間因開闢新航線，成立週年紀念舉行之各種酒會均屬之。此類活動不僅可促進業者與有關人員建立較為密切之關係，且可藉機直接向同業或中間商介紹新產品。此外，如利用淡季以廉價組織航空公司同業旅遊團（Inter-Line Tours）加強親善關係，亦極有利於增加同業間代售機票之營業額（Inter-Sales）。此類銷售因多屬正常機票，故實際收益甚高，乃為航空公司營業主管極應盡力爭取之營業目標。對友好旅行社之職員，亦應同樣爭取，定期組織旅行社同仁

旅遊團（Agent Tours），甚或全部招待以示酬勞，以加強彼等之向心力及代銷額。大旅行社或批發商對於平日助銷業績優良之零售商，或「子公司」（Sub-Agents）中之營業人員，亦應定期舉辦類似招待之促銷活動，以增加相互間之關係及營業量。

配額

　　銷售配額為對內激勵員工促銷產品手段之一。其制定當以權衡本身產品在市場之競爭力與供求狀況，並於事先與地區營業主管充分溝通意見後，研訂合理而可行之一種銷售目標。當年度業績超過配額時，則以比例方式對有功之單位或人員抽成議獎。惟如市場或本身產品供應發生變化時，應適時加以調整，以求公允。擬定之配額通常皆較預估之可售額稍高，以促使業者力爭上游，獲取較佳之成果。但亦不可過份高估，致使員工認為高不可及，竟而放棄爭取達到或超過銷售配額之意念，反使制度留為空談，甚或打擊士氣而生反效果。此一獎勵制度在旅行社及航空公司中頗多採用，並為公司評估業績之主要依據。

第十五章

航空公司之服務

航空公司之服務，原爲運務Traffic 一辭，原文意義至廣。在陸海空運輸業中，因規範及使用之不同，常有不同之譯釋。就國際空運協會（IATA）之解釋，可包括航空公司之一切商業活動。本章所述內容係狹義之運務，而今多數航空公司已改稱旅客或顧客服務（Passenger Service or Customer Service）引用「顧客」一詞之用意，因可涵蓋貨主，而非專以旅客爲服務之對象。

航空公司在機場之業務，除辦理提供飛機在機坪上應用之一切地面裝備服務外，並負責協助旅客通過檢疫、海關及移民方面之出入境檢查。此外也包括，訂位、開票業務，以對臨時決定旅行之顧客供服務。故運務工作在上述兩項服務方面係與營業（Sales）業務重疊，否則必須請旅客去市內營業處購票，再來機場搭機，十分費時又吃力。

一般運務工作之範疇：

機場報到服務

包括辦理旅客機場報到（Check-in）手續計有：代旅客查驗其旅行證件（黃皮書、護照、外國簽證），行李過磅檢查或增收超重行李費、劃位、並發給登機證等，間有出境行李檢查，惟係由海關或安全單位執行，航空公司運務人員僅係從旁協助。

旅客辦理報到，通常於起飛前2小時或90分鐘開始，至起飛前30分鐘或若干分鐘結束（視國情、航線與各公司政策、環境決定），藉以確定該班機乘客人數，對有訂位而未到之旅客應即除名，如有候補旅客應予遞補，然後印製旅客名

單供空航當局及機上服務人員使用。此項名單，歐美國家多已取消使用，並爲國際民航組織（IACO）建議各國取消之措施。但東南亞各國含我國在內，因有各項顧慮，故尚未廢止。

　運務單位查看旅客旅行證件是否齊全，係爲旅客旅行時得以順利進行之服務，並無法律責任。旅客如護照過期，缺乏目的地之入境簽證，國際防疫注射證明過期，到達目的地後受到困擾，甚或被拒入境，遣返原地，責任均應由旅客自負，但航空公司有時亦將遭受牽累，甚或受罰金之處分。

　旅客攜帶行李之重量，除特種票價外，通常經濟艙每一旅客可免費攜帶行李20公斤，太平洋航線新規定則以普通尺寸行李兩件爲限。商業艙及頭等艙每一旅客爲30公斤，超過限量即應收取超重行李費。超重行李費不論等級，每公斤均依國際線該航段，頭等成人直達票（Through Fare）票價1%計算。

檢查與登機

　引導並協助旅客通過政府各項檢查（例如：海關、移民局、安全局等，惟各國之需求均不一），至候機室休息，待預計起飛前適當時機，再經空橋（Jet Bridge）或使用停機坪巴士登機就座。

貴賓服務

　　貴賓服務（VIP/CIP Service）中的 VIP 係指 Very Important Personnel，大都為政府要員。CIP 係指 Company Important Personnel，大都為與公司業務往來有著重要關係之人物。對此類旅客之接待，各公司均派有專人照料，以示禮遇，並為營業推廣之一種手段，但在執行上不應過份顯著，以免引起其他乘客有受差別待遇之感受。

　　世界各大航空公司多有貴賓室（VIP Room）之設置，用以接待準備搭機或下機過境休息之貴賓及頭等票旅客使用，例如：華航之 Dynasty Club、泛美之 Clipper Club、環球之 Ambassador Club、日航之 Sakura Club 等皆是。美國政府為避免航空公司用此種方式作為招徠顧客之手段而引起惡性競爭，曾對利用貴賓室接待顧客加以限制，如，一般均需屬該公司是項組織之會員，參加者需交繳會費，或需曾經搭乘該公司班機在若干萬里以上之旅客，方有資格申請使用。由於同業競爭，上述規定已不復存在。

空中服務

　　空中服務（In-flight or Cabin Service）之工作，有隸屬於運務者，亦有係單獨成立一部門者，端視公司規模而定，蓋皆屬於顧客服務之一環，與訂位、票務之關係亦至為密切。

旅客搭機旅行，固在取其便捷，但亦要求舒適。長途飛行之旅客，飲食生活於機艙動輒十數小時，一切生活所需必須有人照應。故就與旅客接觸之時間及與旅途生活之關係，及旅客搭機對航空公司服務優劣之印象而言，空中服務與旅客之關係最為密切，在航空公司各服務部門中，所佔之比重亦較大。空中服務之項目至為繁瑣，舉凡為頭等旅客供應香檳酒、佳餚，以至為嬰兒提供尿布，收拾旅客嘔吐殘屑，均應為之。故此事欲做到賓至如歸、人人讚揚，殊非容易。機上供應除飲食外，閱覽消遣刊物、娛樂、急救、衛生裝備無不需要準備。長程航線並供應電影及多種音樂所需耳機，以減少旅途疲勞。

空中販賣免稅菸酒或珠寶紀念品，對於旅客而言，亦是一種便利旅客之服務；對於公司則可增加附帶營收，故為各國際航空公司所重視，亦為空中服務項目之一。

空廚服務

空廚服務（Flight Kitchen）係指專製供應機上所需餐飲之廚房而言。航空公司每日班機甚多，機上皆需供應餐點飲料，數量頗為可觀。自設廚房製作，既免盈利外溢，且可兼營代理其他公司班機之所需，為航空公司營運作業中重要之一環。因餐點之優劣常為若干顧客選擇航機條件之一，因此各稍具規模之航空公司均自行經營，亦便於控制品質。我國目前自營空中廚房者，唯復興航空公司及立榮航空公司兩家。

失物尋找

　　失物尋找（Lost Found）中心爲航空公司專門處理行李遺失尋找及損失賠償之機構。航空公司每日承載旅客眾多，處理託運行李不免發生種種可能之誤失，例如：掛錯行李掛籤、裝錯班次或目的地、旅客誤取、裝卸時損傷或被竊等，因此必須有此機構處理，且通常需與同業合作無間，方能減少損害。如果行李破損，提取時應當場請服務人員驗明，要求賠償，並辦理求償手續；如果行李未到，則先儘速代爲尋找，同時航空公司對旅行中之旅客亦可先行支付少許臨時補償費，以供旅客暫先購買因行李未到所缺之盥洗應用物品。此項補償爲數不大，於行李找回時需退還，如確定行李遺失須予以賠償時，原則上則在賠償額內扣除。

　　行李賠償係依重量計算。目前之賠償額規定爲每公斤折合美金20元（原係以金法郎爲單位），行李之實際價值非航空公司所能過問，除非事先報值，並另付額外保險費。但航空公司對是項投保行李之最高價值亦有一定限度，故一般行李內絕不可放置貴重物品，以免損失。易碎物品運送時之包裝也應注意，航空公司可代爲加貼注意易碎之醒目標誌，但稍有損壞，航空公司並不負賠償責任。故原則上，貴重及易碎物品應由旅客自行攜帶，或在交運時妥爲包裝。但除係國際航協（IATA）製訂櫃檯標示Counter Card上規定可免費攜帶之物品外（例如：女用提包或錢袋，大衣或毯子一件，手杖或雨傘一具，小照相機或望遠鏡一個，適量的讀物，嬰兒籃

或旅途用食物，或旅客必須使用之摺疊式輪椅或腳架一副），
其他均應過磅，且手提行李原則上應以一件爲準，體積以適
於安放座位下方爲限。否則機內空間有限，隨意放置不但對
旅客本身不便，且亦妨礙鄰座旅客之舒適，若遇強烈氣流，
可能在座艙內滑動撞傷乘客，影響飛行安全。

顧客關係

　　顧客關係（Customer Relations）本爲公共關係之一部
分，惟其工作對象純限搭乘本公司班機之顧客。主要工作爲
處理旅客求函、答謝讚揚及撫慰抱怨之旅客，解釋對公司服
務或規定之誤會，因應時節與顧客聯絡感情，以增進旅客對
公司服務之印象等。根據旅客反映意見做成統計，以發掘多
數旅客之需要及需改進之缺點，並通知有關單位查辦，俾使
服務能配合市場需要。歐美各大航空公司有一共同概念，即
公司之經營欲其發達，首需在服務方面先爲旅客設想，方能
吸引顧客使營業興盛，故對顧客關係工作異常重視，並不斷
改進其技術。但亦間有若干人士以爲公司既標榜服務第一，
則對公司之服務可以予取予求，實屬誤會。旅客搭乘飛機究
有多少權益，應在何種條件下方可享受，並非毫無限制。應
使旅客能事先了解自身之權利與義務，亦爲顧客關係部分需
做之工作。

貨運與郵運之處理

此一部門僅限有關之倉儲設施、裝載技術、程序與賠償之處理，並不含營業。貨郵運量之成長，近年來頗爲驚人。其運輸固多使用純貨機者，但通常均以客機兼營貨郵運。或在下艙不敷使用時，可拆除客艙前部部分座椅改裝貨板，或在客艙後部座椅上加裝貨運椅套（Seat Pack）即行裝貨，上蓋布罩以保持外表整潔美觀，以免影響乘客心理。有關裝載原理與技術（含動植物魚類之裝運與照料）亦爲一種專業，惟不需長期之訓練即可擔任工作。

機坪勤務

一架飛機停留機坪待發，所需之準備工作甚多。例如：供應旅客扶梯、地面電源車、冷暖氣車、加油加水、簡單例行機務檢查、清洗廁所、上餐、裝卸貨物、清理機艙等，均需有各式裝備提供服務。飛機停留機坪時間不論長短，均依一定之作業程序完成各項工作。不同機種其作業程序亦異。飛機過境或過夜時，每一單位應做何種工作，自何時開始，何時完成，在航空公司中有一既定制度，按實際經驗預訂執行各項工作之進度表，並需由各項工作人員密切配合。如稍有脫節，將使班機延誤，欲找尋是何原因時，亦可按此項進度表來追查責任，並謀改進。上述地面勤務工作亦爲一種專

門企業。多數公司均係自辦，然亦間有另行投資組織地勤服務公司者。此項企業不但替本公司或母公司班機服務，亦可爭取代理其他公司作業。除需有若干特業裝備外，大部分為提供勞力之服務，僅略需專業知識而已。此項企業在若干交通頻繁之大機場內，亦多由數家小公司分工經營者，為空運業中一項新興事業。

第四篇　　未來民航之發展與規劃

第十六章

民航需求預測

國內民航之現況

國內供給現況

　　台灣地區共有16個機場提供民航服務，包括中正國際機場以及高雄國際機場2個國際機場、7個本島國內機場以及7個離島機場，其相關區位如**圖** 16-1 所示。其中，中正國際機場為台灣地區主要的國際進出門戶，高雄機場則是唯一同時提供國際及國內航線服務的機場，至於台北松山機場則為國內航線的空運中心機場。各民航機場特性及設施現況能量詳如**表** 16-1 。

航線供給現況

　　根據民國84年底之資料，我國籍航空公司計已飛航26個國家（或地區）的43處國際航點，遍及亞洲、大洋洲、北美洲、中美洲、歐洲以及南非，如**圖** 16-2 所示。

　　國際——國內接駁航線則只有中正——高雄航線一線，由於旅客是由高雄機場出關，因此這條接駁航線被視為國際航線的延伸，目前由中華、復興、長榮、立榮及遠東等5家航空公司經營，每天約提供往返十多班次的服務。

　　而在國內航線方面，到目前止，台灣地區計有33條航線，包括6條西部走廊航線、6條東西部間航線以及21條離島

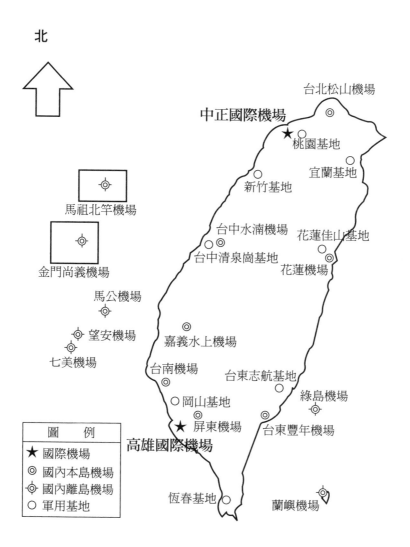

北

台北松山機場

中正國際機場

桃園基地

宜蘭基地

新竹基地

馬祖北竿機場

金門尚義機場

台中水湳機場
花蓮佳山基地

台中清泉崗基地
花蓮機場

馬公機場

望安機場
嘉義水上機場

七美機場

台南機場
台東志航基地

綠島機場

圖　　例
★國際機場
◎國內本島機場
◈國內離島機場
○軍用基地

高雄國際機場

岡山基地
屏東機場

台東豐年機場

恆春基地
蘭嶼機場

圖 16-1　台灣地區主要機場分布現況圖

表16-1　各民航機場特性及設施現況與能量

機場名稱	機場特性 屬性	機場特性 性質	跑道 編號	跑道 長(公尺)	跑道 寬(公尺)	跑道 起降能量(架次/時)	客運航站 客運航站樓地板面積(平方公尺)	客運航站 航站能量(人次/時)	客運航站 停機坪 個數	客運航站 停機坪 能量(架次/時)	貨運站 貨運站樓地板面積(平方公尺)	貨運站 年處理能量(噸)	貨運站 停機坪 個數	貨運站 停機坪 能量(架次/日)
中正國際機場	國際	民用	05L/23R 06/04 05R/23L	3,660 3,350 2,752	60 60 45	70	163,900	4,098	22	28	94,180	565,080	12	36
高雄國際機場	國際	民用	09L/27R 09R/27L	3,150 3,050	60 45	32	(國際)13,350 (國內)6,200	334 477	12 13	15 36	4,276 360	25,656 9,000	4	12
台北松山機場	國內 本島	軍民合用	10/28	2,605	60	38	40,500	3,115	13	35	670	16,750	--	--
台中水湳機場	國內 本島	軍民合用	18/36	1,620	30	19	1,757	110	7	20	--	--	--	--
嘉義機場	國內 本島	軍民合用	18/36	3,050	45	36	786	49	3	8	--	--	--	--
台南機場	國內 本島	軍民合用	18L/36R 18R/36L	3,050 3,050	45 45	44	730	49	4	11	--	--	--	--
屏東機場	國內 本島	軍民合用	08/26 09/27	2,442 2,380	45 45	36 38	540	34	2	5	--	--	--	--
花蓮機場	國內 本島	軍民合用	03/21	2,750	45	38	3,576	255	5	14	96	2,400	--	--
台東豐年機場	國內 本島	軍民合用	04/22	2,438	30	38	3,942	263	12	26	--	--	--	--
馬公機場	國內 離島	軍民合用	02/20	3,050	45	38	5,086	363	8	22	460	11,500	--	--
金門尚義機場	國內 離島	軍民合用	06/24	3,000	30	38	5,024	335	6	16	1,270	31,750	--	--
馬祖北竿機場	國內 離島	軍民合用	03/21	890	20	19	358	22	2	7	--	--	--	--
綠島機場	國內 離島	民用	17/35	1,010	23	19	1,206	75	5	17	--	--	--	--
蘭嶼機場	國內 離島	民用	13/31	1,470	23.5	19	1,115	70	4	10	--	--	--	--
望安機場	國內 離島	民用	02/20	945	18	19	432	27	2	7	--	--	--	--
七美機場	國內 離島	民用	02/20	845	23	19	567	35	3	10	--	--	--	--

機場設施基本資料：交通部民用航空局提供；各設施之能量：台灣地區國內民航發展之研究

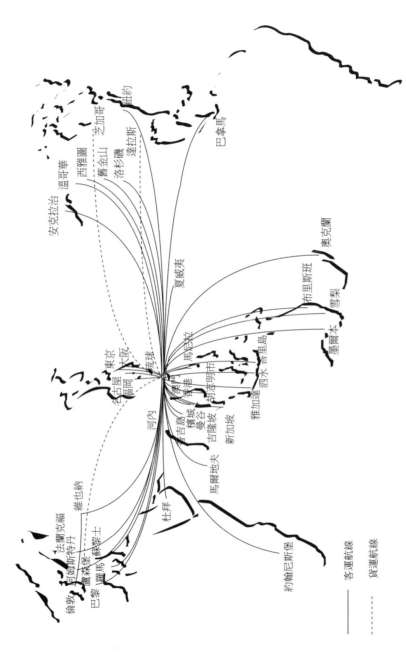

圖 16-2　我國籍航空公司定期飛航國際航線營運航點現況圖

—— 客運航線

------ 貨運航線

航線，如圖 16-3 所示，其中台北——高雄航線為最主要的國內航線，客運量最大。

國際航線之需求

依據交通部民用航空局「中正國際機場主計畫修訂檢討分析」報告所預測的國際航空運量顯示，在最樂觀的情境下，民國 109 年台灣地區國際航空客運總量將達 7,432 萬人次，貨運總量則達 460 萬噸。

而在研究中，為了規劃的需要，計畫研擬分析了三個情境如表 16-2。簡述如下：

◇ 兩個國際機場的情境：只有中正國際機場與南部國際機場提供國際航線服務。
◇ 三個國際機場的情境：除了中正國際機場與南部國際機場之外，另闢建中部國際機場。
◇ 四個國際機場的情境：除中正國際機場與南部國際機場之外，另闢建中部以及東部國際機場。

國際與國內接駁航線之需求

在國際——國內接駁航線客運需求預測方面，本研究係以最樂觀的情境下，以各國際機場的國際航線客運預測量以及其旅客分布預測結果作為分析基礎，並以多項羅吉特模式進行旅客接駁運具選擇行為的分析來預測國際——國內接駁運量。根據國際——國內接駁預測運量以及開闢國際——國內接

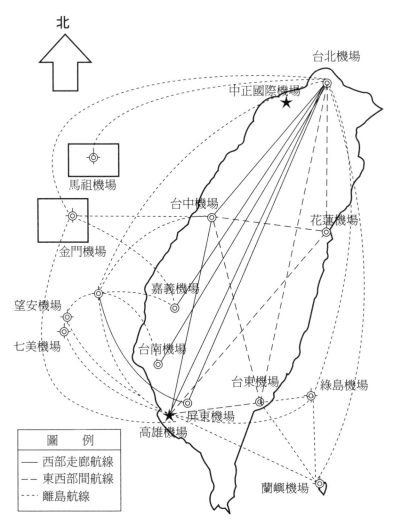

北

台北機場

中正國際機場 ★

馬祖機場

台中機場

花蓮機場

金門機場

嘉義機場

望安機場

七美機場

台南機場

台東機場

綠島機場

屏東機場

高雄機場

蘭嶼機場

圖　例

—— 西部走廊航線
----- 東西部間航線
------ 離島航線

圖16-3　台灣地區國內航線分布現況圖

表 16-2　三種情境下各國際機場之運量分配表

情境別	機場別	客運量（萬人次）				貨運量（萬噸）			
		89 年	92 年	99 年	109 年	89 年	92 年	99 年	109 年
總量		2,981	3,585	4,973	7,432	148	174	304	460
二個機場	中正機場	2,547	3,114	4,212	6,330	129	152	270	411
	南部機場	434	471	761	1,102	19	22	34	49
三個機場	中正機場	2,547	3,114	3,687	5,577	129	152	247	379
	南部機場	434	471	733	1,063	19	22	34	49
	中部機場	--	--	553	791	--	--	23	32
四個機場	中正機場	2,547	3,114	3,631	5,496	129	152	242	372
	南部機場	434	471	700	1,016	19	22	34	48
	中部機場	--	--	553	791	--	--	23	32
	東部機場	--	--	89	128	--	--	5	8

註：假設中部及東部國際機場於 92 年以後始有可能加入營運。
資料來源：總量及二個機場的情境：中正國際機場主計畫修訂檢討分析。
　　　　　三個及四個機場的情境：研究預測。

表 16-3　國際──國內接駁航線的客運預測量

單位：萬人次

航線別	民國 89 年	民國 92 年	民國 99 年	民國 109 年
高雄─中正	36.2	26.4	19.2	26.8
花蓮─中正	33.0	39.8	52.8	77.8
合計	69.2	66.2	72.0	104.6

資料來源：台灣地區國內民航發展之研究預測

駁航線（即於國內機場設置CIQ，為國際航線的延伸）的篩選原則，建議未來除了高雄──中正接駁航線外，亦可增闢花蓮──中正航線（見**表**16-3）。

國內航線之需求

有關國內航空客運需求預測，分為固定翼以及直昇機的航空客運需求預測兩部分，其中固定翼的航空客運需求預測又分為島內及離島航空客運需求預測兩部分來進行。

由於島內航空運需求預測，係屬城際運輸系統之一部分，且受地面運輸系統之競爭與影響相當大。因此本研究乃採用可以反映新運具引進影響之直接性總體需求之運具分派模式。而離島航空客運，不論是在旅行時間或是在班次的密集度上，均較海運有絕對的優勢，因此本研究乃直接應用多元迴歸模式來進行客運需求預測。至於直昇機的客運需求預測乃針對無固定翼航線服務的縣市間，進行直昇機航線的客運需求預測，並採直接性總體需求之運具分派模式。

依據上述的預測模式，同時檢討評估航空運輸供需，預估至民國89年，台灣地區國內航線總客運量將達2,527萬人次，其中固定翼航線的客運量約為2,515萬人次，佔總量的99.5%；直昇機航線的客運量則約僅有12萬人次，僅占總量的0.5%。至民國92年時，由於受到地面運輸系統服務水準提昇的影響，國內航空運量將不升反減，之後，仍將有穩定的成長趨勢。預測於民國109年，台灣地區國內航線總年客運量將達約3,260萬人次，其中固定翼航線的客運量為3,245萬人次，佔99.5%；直昇機航線則僅佔0.5%，為16萬人次。各預

表 16-4 固定翼航線的客運預測量

單位：萬人次

類別	航線別	民國89年	民國92年	民國99年	民國109年
西部走廊航線	台北—台中	122.8	75.8	90.8	108.8
	台北—新中部	--	10.2	12.8	16.0
	台北—嘉義	110.4	83.0	97.2	110.6
	台北—台南	206.4	171.0	210.8	247.4
	台北—高雄	947.4	591.2	718.8	836.2
	台北—屏東	32.4	27.2	35.4	52.6
	台北—恆春	51.2	23.6	34.2	55.0
	桃園—台中	43.8	32.0	44.0	64.8
	桃園—新中部	--	13.4	18.6	20.6
	桃園—嘉義	13.6	11.6	10.4	13.6
	桃園—台南	22.6	15.2	13.6	18.2
	桃園—高雄	62.0	33.0	50.4	56.2
	桃園—屏東	7.2	3.8	5.6	8.2
	桃園—恆春	24.0	16.4	14.6	21.4
	新竹—台南	8.0	5.2	7.0	8.4
	新竹—高雄	39.2	24.2	32.8	41.0
	新竹—屏東	7.2	4.0	5.0	8.0
	台中—高雄	17.8	12.4	16.8	23.4
	新中部—高雄	--	--	10.4	11.4
東西部間航線	台北—花蓮	134.2	149.0	184.8	217.8
	台北—台東	122.4	138.2	175.4	185.4
	桃園—花蓮	4.6	10.8	11.4	10.2
	桃園—台東	16.4	20.2	14.2	18.8
	新竹—台東	--	--	8.6	--
	台中—花蓮	13.6	16.4	21.2	21.0
	台中—台東	11.8	16.8	20.2	17.8
	台南—宜蘭	--	14.0	18.2	13.2
	台南—花蓮	11.6	13.4	14.6	14.2
	台南—台東	--	9.0	10.8	9.4
	高雄—宜蘭	--	35.8	47.6	36.4
	高雄—花蓮	45.2	52.0	56.6	56.2
	高雄—台東	10.0	16.8	17.4	16.8

資料來源：台灣地區國內民航發展之研究

續表 16-4　固定翼航線的客運預測量

單位：萬人次

類別	航線別	民國 89 年	民國 92 年	民國 99 年	民國 109 年
離島航線	馬公—台北	58.6	70.2	82.0	105.6
	馬公—桃園	22.0	25.6	31.8	40.8
	馬公—台中	33.0	26.2	37.0	50.0
	馬公—新中部	--	15.6	21.2	27.4
	馬公—嘉義	12.8	12.6	16.8	21.4
	馬公—台南	23.8	28.0	39.6	53.2
	馬公—高雄	91.2	101.8	143.6	190.4
	馬公—屏東	8.4	9.6	12.6	15.6
	馬公—花蓮	--	--	9.8	13.4
	金門—台北	57.0	58.0	73.8	107.8
	金門—桃園	14.8	17.0	22.6	29.6
	金門—台中	13.6	11.6	14.4	23.0
	金門—新中部	--	6.2	13.8	11.2
	金門—嘉義	7.6	7.2	12.2	13.4
	金門—台南	9.4	11.6	17.0	24.2
	金門—高雄	21.0	25.6	38.2	55.6
	金門—花蓮	--	7.4	10.2	13.0
	馬祖—台北	12.6	13.4	16.2	13.4
	馬祖—桃園	--	--	--	3.2
	馬祖—台南	--	--	--	3.4
	馬祖—高雄	3.4	3.8	5.2	7.0
	綠島—台北	7.2	8.4	8.0	7.8
	綠島—桃園	--	--	--	3.4
	綠島—台中	--	--	3.6	5.6
	綠島—新中部	--	--	3.2	3.4
	綠島—台南	--	3.0	4.2	4.2
	綠島—高雄	5.4	3.8	5.2	6.8
	綠島—台東	5.2	5.2	3.8	5.4
	蘭嶼—台北	--	--	--	7.2
	蘭嶼—高雄	2.6	3.2	4.6	4.6
	蘭嶼—台東	5.8	6.4	8.4	5.4
	望安—高雄	2.2	2.4	3.4	4.4
	望安—馬公	0.2	0.4	0.4	0.6
	七美—高雄	8.0	9.2	12.6	16.6
	七美—馬公	3.8	4.4	6.2	8.0
合　　計		2,515.4	2,143.4	2,711.6	3,245.0

表 16-5　直昇機航線的客運預測量

單位：萬人次

類別	航線別	民國 89 年	民國 92 年	民國 99 年	民國 109 年
西部走廊航線	台北—桃園	1.20	0.84	0.94	1.00
	台北—新竹	0.30	0.28	0.32	0.34
	嘉義—高雄	0.32	0.26	0.32	0.48
	台南—屏東	0.24	0.54	0.62	0.32
	台南—恆春	0.50	--	--	--
東西部間航線	台北—宜蘭	3.24	2.30	3.14	5.46
	桃園—宜蘭	0.54	0.20	0.22	0.36
	新竹—宜蘭	0.28	0.16	0.24	0.38
	新竹—台東	0.98	1.16	--	1.08
	台中—宜蘭	--	0.22	0.82	0.78
	高雄—宜蘭	0.72	--	--	--
	屏東—花蓮	0.76	1.50	1.56	1.44
	屏東—台東	--	0.28	1.88	0.26
東部走廊航線	宜蘭—花蓮	0.46	0.74	0.58	1.70
	宜蘭—台東	0.96	1.26	1.36	1.16
	花蓮—台東	0.94	1.28	2.00	0.74
合　計		11.62	11.02	14.00	15.50

資料來源：研究預測

測年固定翼航線的客運量預測結果，詳如**表 16-4**；而直昇機航線的預測結果則列於**表 16-5**。

　　將以各航線的客運量彙整後，即可得各國內機場的旅客進出預測量如**表 16-6**所示，其中以松山、高雄、馬公、台南和花蓮為運量位居前五名的機場。

航空貨運需求預測

　　依預測結果顯示，於民國109年，台灣地區國內航空貨運量約為23萬噸，其中行李約佔65.6%，而一般貨物（含郵件）僅佔34.4%。各預測年各國內機場航空貨運的預測結果列於**表**

表 16-6 各民航機場的客運預測量

單位：萬人次

機場別	民國89年			民國92年			民國99年			民國109年		
	固定翼航線	直昇機航線	小計	固定翼航線	直昇機航線	小計	固定翼航線	直昇機航線	小計	固定翼航線	直昇機航線	小計
松山機場	1,862.6	4.9	1,867.5	1,419.2	3.4	1,422.6	1,740.2	4.4	1,744.6	2,071.6	6.8	2,078.4
中正國內站	231.0	1.7	232.7	199.0	1.0	200.0	237.2	1.5	238.4	309.0	1.4	310.4
新竹機場	54.4	1.6	56.0	33.4	1.6	35.0	53.4	0.6	54.0	57.4	1.8	59.2
台中機場	256.4	--	256.4	191.2	0.2	191.4	247.8	0.8	248.6	314.4	0.8	315.2
新中部機場	--	--	--	45.4	--	45.4	80.0	--	80.0	90.0	--	90.0
嘉義機場	144.4	0.3	144.7	114.4	0.3	114.7	136.6	0.3	136.9	159.0	0.5	159.5
台南機場	281.8	0.7	282.5	270.4	0.5	270.9	335.8	0.6	336.4	395.8	0.3	396.1
高雄機場	1,255.4	1.0	1,256.4	915.2	0.3	915.5	1,163.6	0.3	1,163.9	1,363.0	0.5	1,363.5
屏東機場	55.2	1.0	56.2	44.6	2.3	46.9	58.6	4.1	62.7	84.4	2.0	86.4
恆春機場	75.2	0.5	75.7	40.0	--	40.0	48.8	--	48.8	76.4	--	76.4
宜蘭機場	--	6.4	6.4	49.8	4.9	54.7	65.8	6.4	72.2	49.6	9.8	59.4
花蓮機場	209.2	2.2	211.4	249.0	3.5	252.5	308.6	4.1	312.7	345.8	3.9	349.7
台東機場	171.6	2.9	174.5	212.6	4.0	216.6	258.6	5.2	263.8	259.0	3.2	262.2
馬公機場	253.8	--	253.8	294.4	--	294.4	401.0	--	401.0	526.4	--	526.4
金門機場	123.4	--	123.4	144.6	--	144.6	202.2	--	202.2	277.8	--	277.8
馬祖機場	16.0	--	16.0	17.2	--	17.2	21.4	--	21.4	27.0	--	27.0
綠島機場	17.8	--	17.8	20.4	--	20.4	28.0	--	28.0	36.6	--	36.6
蘭嶼機場	8.4	--	8.4	9.6	--	9.6	13.0	--	13.0	17.2	--	17.2
望安機場	2.4	--	2.4	2.8	--	2.8	3.8	--	3.8	5.0	--	5.0
七美機場	11.8	--	11.8	13.6	--	13.6	18.8	--	18.8	24.6	--	24.6
合計	5,030.8	23.2	5,054.0	4,286.8	22.0	4,308.8	5,423.2	28.0	5,451.2	6,490.0	31.0	6,521.0

資料來源：台灣地區國內民航發展之研究

16-7，其中仍以松山、馬公、高雄、金門、中正國內站之運
量較大。

直昇機運輸需求預測

民國85年9月交通部修訂過民用航空運輸業管理規則
後，已正式開放業者經營直昇機定期航線。同年11月交通部
民航局審核通過9家航空業者所提出之15條直昇機客貨運輸
航線，除了台北——台中、台中——中正機場2條航線外，其
餘皆為離島航線。

本研究中所討論的直昇機運輸需求，計分為一般城際客
運運輸以及空中觀光遊覽兩大類，其中一般城際客運需求預
測已併於國內航線討論，因此本節將著重於空中觀光遊覽部
分。

參酌交通部觀光局「台灣地區空運旅遊系統規劃」報
告，本研究預測至民國109年直昇機的假日觀光遊憩客運需求
總量為4,848人次，其中墾丁遊憩系統有1,041人次，大阿里
山系統有2,235人次，以及東海岸系統1,572人次，詳如**表 16-
8**。

表 16-7 各民航機場的貨運預測量

單位：噸

機場別	民國89年			民國92年			民國99年			民國109年		
	行李	一般貨物(含郵件)	小計	行李	一般貨物(含郵件)	小計	行李	一般貨物(含郵件)	小計	行李	一般貨物(含郵件)	小計
松山機場	37,252	13,045	50,297	27,256	15,353	42,609	33,916	20,738	54,654	40,248	28,430	68,678
中正國內站	5,836	2,501	8,337	4,164	1,785	5,949	4,724	2,025	6,749	6,292	2,697	8,898
新竹機場	1,088	466	1,554	816	350	1,166	1,188	509	1,697	1,112	477	1,589
台中機場	4,972	1,027	5,999	1,312	1,243	2,555	1,816	1,745	3,561	2,140	2,464	4,604
新中部機場	--	--	--	1,492	639	2,131	1,916	821	2,737	2,544	1,090	3,634
嘉義機場	2,876	66	2,942	2,140	63	2,203	2,512	58	2,570	2,948	53	3,001
台南機場	5,636	872	6,508	5,408	1,001	6,409	6,260	1,302	7,562	7,348	1,733	9,081
高雄機場	25,832	4,543	30,375	18,732	5,188	23,920	23,528	6,693	30,221	27,536	8,844	36,380
屏東機場	1,104	425	1,529	892	381	1,273	1,172	502	1,674	1,688	723	2,411
恆春機場	1,504	645	2,149	800	343	1,143	976	418	1,394	1,528	655	2,183
宜蘭機場	--	--	--	996	427	1,423	1,316	564	1,880	992	425	1,417
花蓮機場	4,844	814	5,658	5,776	936	6,712	7,228	1,221	8,449	8,472	1,628	10,100
台東機場	3,432	884	4,316	4,252	951	5,203	5,172	1,187	6,359	5,172	1,519	6,691
馬公機場	12,366	6,183	18,549	16,952	8,476	25,428	23,624	11,812	35,436	31,530	15,765	47,295
金門機場	4,420	4,420	8,840	5,208	5,208	10,416	7,268	7,268	14,536	9,994	9,994	19,988
馬祖機場	556	556	1,112	604	604	1,208	776	776	1,552	966	966	1,932
綠島機場	270	540	810	312	624	936	428	856	1,284	558	1,116	1,674
蘭嶼機場	134	268	402	154	308	462	204	408	612	258	516	774
望安機場	240	103	343	280	120	400	380	163	543	500	214	714
七美機場	472	472	944	544	544	1,088	752	752	1,504	984	984	1,968
合計	112,834	37,830	150,664	98,090	44,544	142,634	125,156	59,818	184,974	152,810	80,293	233,103

資料來源：台灣地區國內民航發展之研究

表 16-8　直昇機空中觀光遊覽客運預測量

單位：人次／日

遊憩系統	假　　　日				非　假　　日			
	89 年	92 年	99 年	109 年	89 年	92 年	99 年	109 年
墾丁遊憩系統	773	786	885	1,041	100	124	153	200
大阿里山系統	1,735	1,856	2,131	2,235	136	147	182	237
東海岸系統	1,264	1,320	1,483	1,572	144	164	202	263
合　　計	3,772	3,962	4,499	4,848	380	435	537	700

註：墾丁遊憩系統：包括墾丁國家公園、恒春半島、南橫系統。
　　大阿里山系統：包括大阿里山、玉山國家公園、澎湖系統。
　　東海岸系統：包括蘇花公路、花東縱谷、太魯閣國家公園、東海岸、綠島蘭嶼系
　　　　統。

資料來源：1.台灣地區空運旅遊系統規劃，交通部觀光局，民國84年。
　　　　　2.台灣地區國內民航發展之研究。

第十七章

民航機場之發展

國際機場之整體發展

由運量預測的結果顯示，在最樂觀的情境下，於民國109年，東部地區潛在的國際航空客運量約有128萬人次，未達闢建國際機場所需的門檻值，因此未來將需在花蓮機場開闢國際——國內接駁航線，以及在台東機場提供中正機場國內航線的服務，以方便東部地區的旅客進出中正國際機場。

至民國99年中部地區潛在的國際航空客運量約有553萬人次，其中大部分皆從中正國際機場移轉而來，勢將影響中正機場發展成為亞太空運中心的政策目標，因此從兼顧國家整體有限資源之運用與民航長遠發展觀點，在民國99年前尚無設置中部國際機場之利基。至於之後是否需要興建，則將視中正國際機場和南部國際機場的發展情形，以及中部地區的空運發展，再評估其需要性。而為滿足中部地區的國際空運旅客需求，則可於台中水湳機場開闢中正機場國內航線。

因此，在民國99年前，台灣地區仍將維持兩個國際機場，即僅在中正國際機場及南部國際機場提供國際線服務。其中中正國際機場的發展仍將繼續依循發展亞太空運中心的政策，發展貨運轉運中心，進行二期擴建以及後續計畫，並將依據交通部民航局「中正國際機場主計畫修訂檢討分析」的發展計畫，逐步適時的擴建中正國際機場，以使中正國際機場提供良好便捷的國際空運服務。至於南部國際機場的發展，受限於現有高雄小港機場244公頃的面積，必須同時經營國際及國內航線，勢將無法因應未來南部地區的國際空運需求，因此於下節討論南部國際機場的發展。

南部國際機場之整體發展

　　為解決高雄小港機場即將於民國89年面臨跑道、客運航站以及停機坪等設施容量不足的窘境，研究研擬四個替選方案來進行分析，以尋求解決之道。

　　◇利用高雄小港機場北側的台糖土地擴建。
　　◇高雄小港機場專營國內航線，其國際航線全部移至台南機場。
　　◇高雄小港機場及台南機場以雙國際機場的形態營運。
　　◇覓地新建南部國際機場。

　　此四個替選方案之優劣分析摘列如下：

利用高雄小港機場北側的台糖土地擴建

　　目前在高雄小港機場北側的台糖土地仍為空地，尚未有任何之土地使用規劃，但因其面積不夠大，僅能容納增建一條滑行道，對於跑道容量的提升有限。因此，此方案無法解決高雄機場跑道容量不足的問題。

高雄小港機場專營國內航線，其國際航線移至台南機場

　　若高雄小港機場專營國內航線，其民國89年的尖峰小時

起降需求爲41架次，仍超過高雄小港機場跑道容量，因此仍有跑道容量不足的壓力。

而在台南機場部分，雖然台南機場的跑道容量可容納所有高雄小港機場移轉過來的國際航班，但仍有飛航額度的問題待解決，且因爲台南機場的起降航道穿越市中心最繁華地帶，航道下有數所學校，航機噪音衝擊將更甚高雄小港機場，爲本方案之一大問題。

由於本方案之實施不但無法解決高雄小港機場跑道容量不足的問題，更將造成台南機場嚴重的噪音問題，因此本方案的可行性較低。

高雄小港機場及台南機場以雙國際機場的形態營運

本方案爲將高雄小港機場部分的國際航線移至台南機場，不但可紓緩高雄機場跑道容量不足的窘境，更可提升南部地區國際空運的服務水準。

但如同上一個方案，將部分國際航班移至台南機場，雖可解決高雄小港機場部分跑道容量不足的問題，但會增加台南機場的噪音衝擊，以及增加台南機場必須增建客運航站以及停機坪的成本。此外，不論是在航機的起降額度上，或是土地的釋出，都需要軍方的高度配合；而增加之CIQ作業，也須協調有關單位協助配合。

本方案雖可紓緩高雄小港機場的機場設施容量不足的問題，但會增加台南機場附近地區的噪音衝擊，而且務需軍方及相關機關的高度配合方能實施，因此本方案的可行性仍有待進一步的研究。

覓地新建南部國際機場

由上述所分析的替選方案中可知，「利用高雄小港機場北側的台糖土地擴建」、「高雄小港機場專營國內航線，其國際航線移至台南機場」以及「高雄小港機場及台南機場以雙國際機場的形態營運」等三個方案若無法解決高雄小港機場跑道容量不足的問題，就長遠之空運發展著眼，以及為徹底解決噪音、都市發展及擴充性等問題，仍宜另闢新南部國際機場。

國內機場之整體發展

國內機場整體發展

由運量預測的結果顯示，桃園、投彰雲地區於目標年的客運量需求均已達新建國內機場年運量80萬人次的門檻值，而新竹、恆春及宜蘭三地區的目標年客運量亦已達以軍用機場開放民航使用年運量40萬人次的需求門檻值。因此未來台灣地區除以現有的國內機場繼續營運外，應逐步增設中正國內站、新中部、新竹、恆春以及宜蘭等五個國內機場，以因應國內航空旅運需求。

由前述的供需檢討可知，由於台北松山機場位於台北市區內，腹地有限，無法再增建跑道，且無法大幅擴增客運航站及機坪容量，因此，其發展已受限。復由於松山機場為國

內航線的空運中心機場，影響國內民航長遠的發展深遠，因此，以下將分別針對新增國內機場的發展以及松山機場的發展等兩個課題進行討論。

新增國內機場的發展

根據年客運量預測結果與考量尖峰係數、航機機隊組合以及承載率，推估得各新增國內機場尖峰小時客運量、年起降架次以及尖峰小時起降架次，詳如**表 17-1** 所示。再依據尖峰小時起降架次以及客運量估算各機場所需之跑道、客運航站以及停機坪的大小等機場設施，摘列如**表 17-2**。

台北松山機場發展

由於松山機場現址已難大幅擴建，因此本研究亦在距台北市中心半徑25公里內的區域，研選出五個可能的機場場址進行初步之比較分析，分別為：

◇關渡平原
◇八里海濱
◇淡海地區
◇三芝地區
◇三芝／石門地區

經過初步篩選，關渡平原、八里海濱以及淡海地區等三個可能場址，由於受限於地形環境或與中正機場的起降航道、繞場空域嚴重衝突，因此不可行。而三芝地區或三芝／石門地區雖無以上的問題，但因位居北海岸，至台北都會區

表 17-1　各新增機場的客運預測量

年期	中正國內站	新竹機場	新中部機場	恆春機場	宜蘭機場
年客運量					
民國 89 年	231	54	--	75	--
民國 92 年	199	33	45	40	50
民國 99 年	237	53	86	49	66
民國 109 年	309	57	90	76	50
尖峰小時客運量					
民國 89 年	1,100	350	--	520	--
民國 92 年	970	240	270	310	350
民國 99 年	1,130	350	500	370	410
民國 109 年	1,520	370	470	530	340
年起降架次					
民國 89 年	44,900	18,000	--	19,300	--
民國 92 年	38,500	11,000	12,900	10,300	17,500
民國 99 年	42,600	16,200	27,900	10,700	21,300
民國 109 年	53,200	14,500	24,200	14,700	13,400
尖峰小時起降架次					
民國 89 年	14	9	--	11	--
民國 92 年	12	7	7	6	9
民國 99 年	13	9	13	7	10
民國 109 年	16	8	10	8	7

註：年客運量單位為萬人次；尖峰小時客運單位為人次。
資料來源：台灣地區國內民航發展之研究

表 17-2　各新增機場的設施需求摘要

機場設施	中正國內站	新竹機場	新中部機場	恆春機場	宜蘭機場
區　　位	中正機場內	新竹基地	另覓土地	恆春基地	宜蘭機場
需用土地面積	--	--	200 公頃	--	--
跑　　道	利用中正機場現有跑道	利用新竹基地現有跑道	新建一條 1,800m × 30m 跑道	整建一條 1,700m × 30m 跑道	整修現有跑道
客運航站需求面積（平方公尺）					
民國 89 年	14,287	5,648	--	8,304	--
民國 92 年	12,649	3,856	4,240	4,912	5,520
民國 99 年	14,742	5,536	8,048	5,984	6,560
民國 109 年	19,721	5,952	6,990	8,432	5,504
停機位數					
民國 89 年	8	5	--	7	--
民國 92 年	7	4	4	5	5
民國 99 年	8	5	7	5	6
民國 109 年	9	5	6	6	5
建議完工期程	民國 87 年	民國 89 年	民國 99 年	民國 88 年	民國 92 年

資料來源：台灣地區國內民航發展之研究估算。

的平均路程時間高達75分鐘以上，將會影響旅客的搭機意願，即使是闢建專用快速道路，其聯外路程時間仍將較現有松山機場增加30分鐘以上，估計其客運量將會減少30％。除此之外，三芝地區場址需要填海造陸約200公頃，所需成本甚鉅；而且與中正機場的穿降空域產生重疊衝突，也需改變航管程序，可行性較低。而三芝／石門地區場址雖與中正機場的穿降空域不致衝突，但亦須以填海造陸方式興建，而且位於台電核一廠8公里的限制範圍內之危險區域，因此亦不十分可行。

　　綜合上述，對於台北松山機場發展的初步結論為，松山機場的可及性及便利性是其他替選場址所無法取代的，在未覓得較佳的機場場址發展時，應兼顧空運發展與降低環境衝擊為是。

國際國內接駁運輸發展

　　由前述之運量預測結果顯示，未來除了高雄──中正接駁航線維持營運外，建議規劃增闢花蓮──中正接駁航線，因此必須於花蓮機場設置海關、入出境查驗及檢疫(即所謂的CIQ)等相關設施。其研究依據花蓮與中正接駁航線的年客運量與考量尖峰係數，算得尖峰小時客運量，共依此估算所需站屋面積及CIQ設施櫃台的需求數如**表17-3**所示。

表 17-3 花蓮機場接駁客運預測量與設施需求一覽表

年期	年客運量 （萬人次）	尖峰小時客運量 （人次）	站屋面積需求 （平方公尺）	證照查驗櫃台 （個）	海關查驗 （個）
民國89年	33.0	207	6,210	5	6
民國92年	39.8	250	7,500	5	7
民國99年	52.8	298	8,940	6	8
民國109年	77.8	366	10,980	8	10

資料來源：台灣地區國內民航發展之研究

第十八章

機場發展之規劃

現有機場改善

中正國際機場

◇儘速完成貨運站區整體發展規劃,確定貨運站區的發展區位及規模。

◇於民國90年前完成二期客運航站後續計畫。

◇於民國99年前完成三期客運航站。

◇於民國99年前完成第三條跑道之興建,並配置雙平行滑行道。

高雄國際機場

◇推動航機大型化及鼓勵聯營,並分散尖峰時段航班,以紓解跑道容量飽和的壓力。

◇儘早進行南部地區空運整體發展規劃,據以因應高雄小港機場各項空、陸設施均不足的現象。

台北松山機場

◇除推動航機大型化及鼓勵聯營,並分散尖峰時段航班外,短期內應闢設中正國內站,以紓解松山機場容量漸趨飽和的壓力。

◇儘早進行台北機場整體發展規劃，決定台北機場未來的發展方向，據以進行相關設施的擴建或整建。
◇在民國98年前擴建貨運站面積或提升貨運處理能力。

台中水湳機場

◇立即進行平行滑行道之興建，使其成為完整的滑行道系統，以增加跑道容量。
◇在民國89年前增建停機坪及改建第一客運航站。
◇在民國99年前完成獨立貨運站屋之設置。

嘉義水上機場

◇協調軍方釋出起降額度，鼓勵航機大型化及聯營，並同時檢討現有滑行道地帶是否符合大型航機作業所需之安全淨距需求。
◇建議協調軍方撥出或徵購適當地區，設立民航站區，以因應客運航站及停機坪的需求。

台南機場

◇協調軍方增加民航機起降額度。
◇建議協調軍方撥出或在機場周邊另行覓地興建民航站區。

屏東機場

◇協調軍方增加民航機起降額度。

◇在航機大型化的同時，應檢討現有滑行道兩側的飛機掩體是否符合航機滑行安全淨距需求。
◇儘早完成屏東機場北場民航站區的建設計畫。

花蓮機場

◇協調軍方增加民航機起降額度。
◇在航機大型化的同時，應檢討現有滑行道兩側的飛機掩體是否符合航機滑行安全淨距需求；以及於民國89年前完成民航站區整體擴建計畫。

台東機場豐年機場

◇協調軍方增加民航機起降額度。
◇檢討在民航站區與跑道間增加平行滑行道及出入口滑行道之可行性，或檢討現有平行滑行道拓寬為跑道，現有跑道改為滑行道使用之可行性。
◇在民國89年前應擴建客運航站。

澎湖馬公機場

◇協調軍方增加民航機起降額度。
◇在民國89年前完成客運航站及停機坪之擴建。
◇在民國109年前完成貨運站之擴建。

金門尚義機場

◇在民國96年前協調軍方增加民航機起降額度。

◇於尖峰小時起降架次趨近20架次時，檢討設置完整滑
行道系統之需要性或檢討跑道外移之可行性。
◇儘早著手擴建客運航站。

馬祖北竿機場

◇需先剷除位於21號跑道兩側之山。
◇儘早著手擴建客運航站。
◇儘早決定南竿機場是否興建。若要興建，則無需再擴
建北竿機場；若不興建，則應計畫跑道移位延長以提
供更大型航機起降或興建平行滑行道，並再擴建停機
坪。

綠島機場

◇於民國99年前完成跑道的再延長工程，或興建平行滑
行道。
◇於民國89年再進行客運航站之擴建。
◇於民國96年前完成停機坪之擴建。

蘭嶼機場

◇蘭嶼機場於民國89年前完成客運航站的再擴建。

望安機場

◇望安機場於民國99年前完成客運航站之擴建。

七美機場

◇七美機場於民國89年前完成客運航站及停機坪之擴建。

新增機場建設

中正國內站

◇短期內在現有的戰備停機坪區闢建國內站先行營運。
◇未來應依目標年的運量需求，重新規劃國內民航站區，使國內航站與國際航站相連接，以方便旅客之轉乘。

新竹機場

◇與軍方協商，將民航站區設置於新竹基地內。
◇初期可以簡易航空站開放營運。
◇視客運需求，逐步擴建民航站區。

新中部機場

◇於南投、彰化以及雲林之範圍內，選擇一區位闢建新中部國內機場，並以空域、噪音、生態環境衝擊、成本等因素及未來提升為國際機場之可能性。

◇初期可先行設置直昇機機場，長期則以發展固定翼儀
　降機場爲目標。

恒春機場

◇初期以「恒春機場整建計畫」年服務17萬人次的規模
　先行營運。
◇配合實際運量成長需要，與軍方洽商釋放更多民航機
　起降額度，同時適時擴建客運航站、停機坪等，以滿
　足目標年的運量需求。

宜蘭機場

◇與軍方協商設置於宜蘭基地，初期闢設直昇機機場，
　以利緊急傷患運送及救災工作。
◇視運量需求，適時整修跑道，使發展爲固定翼民航機
　場。

第十九章

航線發展之規劃

依據前述航空運量預測結果,兼考量航空公司之合理利潤、使用機型經濟性及旅客搭機之便利性等各項因素,並假設航機承載率維持在60%的情況下,進行各類航線使用機型與航班次數之規劃。

國際與國內接駁航線發展規劃

除了現有的中正——高雄接駁航線外,規劃增闢中正——花蓮接駁航線,此兩條航線所規劃的機型均為100~170座之窄體機,預計至民國109年每日將各飛航9班次及26班次,詳如表19-1。

表 19-1　國際——國內接駁航線客運預測量及班次規劃一覽表

年度	項目	中正—高雄	中正—花蓮
	規劃機型(座位數)	100-170	100-170
民國89年	年客運量(萬人次)	36.2	33.0
	規劃班次(班次/日)	12	11
民國92年	年客運量(萬人次)	26.3	39.8
	規劃班次(班次/日)	9	13
民國99年	年客運量(萬人次)	19.1	52.8
	規劃班次(班次/日)	6	18
民國109年	年客運量(萬人次)	26.8	77.8
	規劃班次(班次/日)	9	26

註:1.規劃班次為航線之平均班次,以規劃機型之平均座位數為計算基準。
　　2.假設民國99年新南部國際機場開放營運。
資料來源:台灣地區國內民航發展之研究。

國內航線發展規劃

現有固定翼航線發展規劃

　　規劃在各預測年現有各固定翼航線仍將繼續維持營運，並為因應航機大型化的策略，未來台北——高雄航線應以200人座以上的航機飛航；而台北——嘉義、台北——台南、台北——花蓮、台北——台東、金門——台北以及馬公——高雄航線則以100～200人座的航機服務；另馬公——台北及金門——高雄等航線則以100座機型服務；至於高雄——花蓮航線則以60～100人座的機型服務，其餘各航線則用40人座以下的小型機飛航。有關各項預測年現有固定翼航線的客運量與班次規劃，如**表**19-2所示。

新增固定翼航線發展規劃

　　依據運量預測結果，規劃於民國109年可再新增34條固定翼航線，包括台北——新中部等13條西部走廊航線、桃園——花蓮等7條東西部間航線以及馬公——桃園等14條離島航線，如**表**19-3所示。

表 19-2　現有固定翼航線客運預測量及班次規劃一覽表

類別	航線	規劃機型（座位數）	民國89年 年客運量（萬人次）	民國89年 規劃班次（班次／日）	民國92年 年客運量（萬人次）	民國92年 規劃班次（班次／日）	民國99年 年客運量（萬人次）	民國99年 規劃班次（班次／日）	民國109年 年客運量（萬人次）	民國109年 規劃班次（班次／日）
西部走廊航線	台北－台中	40-60	122.8	112	75.8	69	90.8	83	108.8	99
	台北－嘉義	100-170	110.4	37	83.0	28	97.2	33	110.6	37
	台北－台南	170-200	206.4	51	171.0	42	210.8	52	247.4	61
	台北－高雄	200-300	947.4	173	591.2	108	718.8	131	836.2	153
	台北－屏東	40-60	32.4	30	27.2	25	35.4	32	52.6	48
	台中－高雄	40	17.8	20	12.4	14	16.8	19	23.4	27
東西部間航線	台北－花蓮	170-200	134.2	33	149.0	37	184.8	46	217.8	54
	台北－台東	170-200	122.4	30	138.2	34	175.4	43	185.4	46
	台中－花蓮	40	13.6	16	16.4	19	21.2	24	21.0	24
	台中－台東	40	11.8	13	16.8	19	20.0	23	17.8	20
	高雄－花蓮	60-100	45.2	26	52.0	30	56.6	32	56.2	32
	高雄－台東	40	10.0	11	16.8	19	17.4	20	16.8	19

註：規劃班次為航線之平均班次，以規劃機型之平均座位數為計算基準
資料來源：台灣地區民航發展之研究

續表 19-2　現有固定翼航線客運預測量及班次規劃一覽表

類別	航線	規劃機型（座位數）	民國89年		民國92年		民國99年		民國109年	
			年客運量（萬人次）	規劃班次（班次／日）	年客運量（萬人次）	規劃班次（班次／日）	年客運量（萬人次）	規劃班次（班次／日）	年客運量（萬人次）	規劃班次（班次／日）
離島航線	馬公—台北	100	58.6	27	70.2	32	82.0	37	105.6	48
	馬公—台中	40	33.0	38	26.2	30	37.0	42	50.0	57
	馬公—嘉義	60	12.8	10	12.6	10	16.8	13	21.4	16
	馬公—台南	40,100	23.8	27	28.0	32	39.6	45	53.2	24
	馬公—高雄	100,170	91.2	42	101.8	46	143.6	39	190.4	51
	馬公—屏東	40	8.4	10	9.6	11	12.6	14	15.6	18
	金門—台北	150	57.0	17	58.0	18	73.8	23	107.8	33
	金門—台中	40	13.6	16	11.6	13	14.4	16	23.0	26
	金門—嘉義	60	7.6	6	7.2	6	12.2	9	13.4	10
	金門—高雄	100	21.0	10	25.6	12	38.2	17	55.6	25
	馬祖—台北	20	12.6	29	13.4	31	16.2	37	13.4	31
	綠島—台北	20	7.2	16	8.4	19	8.0	18	7.8	18
	綠島—高雄	20	5.4	12	3.8	9	5.2	12	6.8	16
	綠島—台東	20	5.2	12	5.2	12	3.8	9	5.4	12
	蘭嶼—台北	20	--	--	--	--	--	--	7.2	20
	蘭嶼—高雄	20	2.6	6	3.2	7	4.6	11	4.6	11
	蘭嶼—台東	20	5.8	13	6.4	15	8.4	19	5.4	12
	望安—高雄	20	2.2	5	2.4	6	3.4	8	4.4	10
	望安—馬公	20	0.2	2	0.4	2	0.4	2	0.6	2
	七美—高雄	20	8.0	18	9.2	21	12.6	29	16.6	39
	七美—馬公	20	3.8	9	4.4	10	6.2	14	8.0	18

表 19-3　新增固定翼航線客運預測量及班次規劃一覽表

類別	航線	規劃機型(座位數)	民國89年 年客運量(萬人次)	民國89年 規劃班次(班次/日)	民國92年 年客運量(萬人次)	民國92年 規劃班次(班次/日)	民國99年 年客運量(萬人次)	民國99年 規劃班次(班次/日)	年客運量(萬人次)	規劃班次(班次/日)
西部走廊航線	台北－新中部	40-60	--	--	10.2	9	12.8	12	16.0	15
	台北－恆春	60-100	51.2	29	23.6	13	34.2	20	55.0	31
	桃園－台中	40-60	43.8	40	32.0	29	44.0	40	64.8	59
	桃園－新中部	40	--	--	13.4	15	18.6	21	20.6	24
	桃園－嘉義	40	13.6	16	11.6	13	10.4	12	13.6	16
	桃園－台南	40-60	22.6	21	15.2	14	13.6	12	18.2	17
	桃園－高雄	60-100	62.0	35	33.0	19	50.4	29	56.2	32
	桃園－屏東	40	7.2	8	3.8	4	5.6	6	8.2	9
	桃園－恆春	40-60	24.0	22	16.4	15	14.6	13	21.4	20
	新竹－台南	40	8.0	9	5.2	6	7.0	8	8.4	10
	新竹－高雄	60-100	39.2	22	24.2	14	32.8	19	41.0	23
	新竹－屏東	40	7.2	8	4.0	5	5.0	6	8.0	9
	新中部－高雄	40	--	--	--	--	10.4	12	11.4	13
東西部間航線	桃園－花蓮	40	4.6	5	10.8	12	11.4	13	10.2	12
	桃園－台東	40	16.4	19	20.2	23	14.2	16	18.8	21
	新竹－台東	40	--	--	--	--	8.6	10	--	--
	台南－宜蘭	40-60	--	--	14.0	13	18.2	17	13.2	12
	台南－花蓮	40	11.6	13	13.4	15	14.6	17	14.2	16
	台南－台東	40	--	--	9.0	10	10.8	12	9.4	11
	高雄－宜蘭	60-100	--	--	35.8	20	47.6	27	36.4	21

（續）表 19-3 新增固定翼航線客運預測量及班次規劃一覽表

類別	航線	規劃機型（座位數）	民國89年 年客運量（萬人次）	民國89年 規劃班次（班次/日）	民國92年 年客運量（萬人次）	民國92年 規劃班次（班次/日）	民國99年 年客運量（萬人次）	民國99年 規劃班次（班次/日）	年客運量（萬人次）	規劃班次（班次/日）
離島航線	馬公－桃園	20-40, 40-60	22.0	34	25.6	39	31.8	29	40.8	37
	馬公－新中部	20-40, 40-60	--	--	15.6	24	21.2	19	27.4	25
	馬公－花蓮	20-40	--	--	--	--	9.8	15	13.4	20
	金門－桃園	20-40, 40-60	14.8	23	17.0	26	22.6	21	29.6	27
	金門－新中部	20-40	--	--	6.2	9	13.8	21	11.2	17
	金門－台南	20-40, 40-60	9.4	14	11.6	18	17.0	16	24.2	22
	金門－花蓮	20-40	--	--	7.4	11	10.2	16	13.0	20
	馬祖－桃園	20	--	--	--	--	--	--	3.2	7
	馬祖－台南	20	--	--	--	--	--	--	3.4	8
	馬祖－高雄	20	3.4	8	3.8	9	5.2	12	7.0	16
	綠島－桃園	20	--	--	--	--	--	--	3.4	8
綠線	綠島－台中	20	--	--	--	--	3.6	8	5.6	13
	綠島－新中部	20	--	--	--	--	3.2	7	3.4	8
	綠島－台南	20	--	--	3.0	7	4.2	10	4.2	10

註：1. 規劃班次為航線之平均班次，以規劃機型之平均座位數為計算基準
資料來源：台灣地區國內民航發展之研究

直昇機城際航線發展規劃

該研究依據直昇機運輸需求預測結果，針對台灣本島城際間可能有潛力的直昇機城際航線及營運城市提出規劃，預估至民國109年可新闢16條直昇機城際航線，包括台北──桃園等5條西部走廊航線、台北──宜蘭等8條東西部間航線以及宜蘭──花蓮等3條東部走廊航線，且均以10人座的直昇機作為規劃機型。各直昇機城際航線的客運量與班次規劃，如**表**19-4所示。

直昇機航線發展規劃

直昇機航線可分為直昇機城際航線以及空中遊覽兩大類，其中直昇機城際航線已於國內航線發展規劃內述及，本節將討論直昇機空中遊覽航線。

根據觀光局「台灣地區空運旅遊系統規劃」之研究報告，建議優先發展直昇機空中遊覽航線分別為墾丁國家公園、大阿里山及東海岸系統，並以10～20人座之直昇機提供服務。預估至民國109年，此三條航線於假日時，可分別規劃70、149以及105班次。

除了上述之空中遊覽航線外，直昇機航線亦可包括：都會區至工業區直昇機商務航線、都會區至特定遊憩系統直昇機旅遊航線以及直昇機貨運航線，未來可於其他相關直昇機航線研究時予以考量。

表 19-4　直昇機城際航線客運預測量及班次規劃一覽表

類別	航線	規劃機型(座位數)	民國89年 年客運量(萬人次)	民國89年 規劃班次(班次/日)	民國92年 年客運量(萬人次)	民國92年 規劃班次(班次/日)	民國99年 年客運量(萬人次)	民國99年 規劃班次(班次/日)	民國109年 年客運量(萬人次)	民國109年 規劃班次(班次/日)
西部走廊航線	台北—桃園	10	1.20	7	0.84	5	0.94	5	1.00	5
	台北—新竹	10	0.30	2	0.28	2	0.32	2	0.34	2
	嘉義—高雄	10	0.32	2	0.26	1	0.32	2	0.48	3
	台南—屏東	10	0.24	1	0.54	3	0.62	3	0.32	2
	台南—恆春	10	0.50	3	--	--	--	--	--	--
東西部間航線	台北—宜蘭	10	3.42	19	2.30	13	3.14	17	5.46	30
	桃園—宜蘭	10	0.54	3	0.20	1	0.22	1	0.36	2
	新竹—宜蘭	10	0.28	2	0.16	1	0.24	1	0.38	2
	新竹—台東	10	0.98	5	1.16	6	--	--	1.08	6
	台中—宜蘭	10	--	--	0.22	1	0.82	4	0.78	4
	高雄—宜蘭	10	0.72	4	--	--	--	--	--	--
東部走廊航線	屏東—花蓮	10	0.76	4	1.50	8	1.56	9	1.44	8
	屏東—台東	10	--	--	0.28	2	1.88	10	0.26	1
	宜蘭—花蓮	10	0.46	3	0.74	4	0.58	3	1.70	9
	宜蘭—台東	10	0.96	5	1.26	7	1.36	7	1.16	6
	花蓮—台東	10	0.94	5	1.28	7	2.00	11	0.74	4

註：表內桃園係指中正國內站。

資料來源：台灣地區國內民航發展之研究

第二十章

結語

國際航空運輸方面

1. 預測在最樂觀的情景下，民國 109 年台灣地區際航空客運總量將達7,432 萬人次，貨運總量則達460 萬噸。其中中正機場的運量約佔總量的85% 以上，為台灣地區最主要的國際進出門戶；而高雄機場則僅提供區域性的國際飛航服務。

2. 在民國99 年前，台灣地區維持以中正國際機場及高雄小港機場兩機場，提供國際空運服務，將仍可滿足需求；惟宜儘早開闢中正機場接駁航線或國內航線來服務其他地區出國之旅客。因此未來中正機場的發展仍宜繼續依循發展亞太營運空運中心的政策，除應加速發展貨運轉運中心，進行二期擴建以及後續計畫外，更應新闢國內航站，來紓解松山機場國內航空的需求，以及提供至其它國內機場間便捷的空運接駁服務。

3. 台灣地區國際與國內接駁航線，目前僅有中正與高雄航線，由四家航空公司飛航平均承載率約達六成，尚能滿足旅客需求，維持良好的服務水準。惟除有中正與高雄接駁航線外，應於民國99 年前增闢中正與花蓮接駁航線。至民國109 年，此二條國際與國內接駁航線的年客運量將達105 萬人次。另外，其他地區國內機場至中正機場，則可藉由兩機場間之國內航線提供便捷的客運服務，以提高各地民眾利用中正機場出國的便利性。

4. 至於中部地區興建國際機場部分，至民國99年中部地區潛在的國際航空客運量約有553萬人次，其中之運量大部分皆從中正國際機場移轉而來，勢將影響中正機場發展成為亞太空運中心的政策目標。因此從兼顧國家整體有限資源之運用與民航長遠發展觀點，在民國99年前尚無設置中部國際機場之利基。至於之後是否需要興建，則將視中正國際機場和南部國際機場的發展情形，以及中部地區的空運發展，再評估其需要性。而為滿足中部地區的國際空運旅客需求，則可於台中水湳機場開闢飛航中正機場之國內航線。

5. 由運量預測的結果顯示，在最樂觀的情境下，於民國109年，東部地區潛在的國際航空客運量約有128萬人次。未來可藉由在花蓮機場開闢國際 — 國內接駁航線，以及在台東機場提供飛航中正機場之國內航線，以方便東部地區的旅客進出中正國際機場。

國內航空運輸方面

1. 對未來在高鐵營運之前，國內航空運量仍將持續成長。而至民國92年高鐵營運後，西部走廊長途國內航空的運量將會受到影響，但台灣東西部間之聯繫、離島方面的運輸仍將持續仰賴航空運輸，因此，預估至民國109年國內機場的進出客運總量將達6,500萬人次，貨運總量則達123萬噸。其中台北松山機場仍為國內航線的空運中心，其年客運量將超過2,000萬人次，佔總客運量的30%以上；而高雄小港機場將達1,300萬

人次；馬公與台南機場也均將達400萬人次以上，爲最主要的國內線機場。

2. 台北松山機場爲國內航線的空運中心機場，由預測年的供需檢討可知，台北松山機場的跑道、客運航站已無法完全滿足未來的空運發展需要，因此除了應具體加速落實航機大型化政策、鼓勵航空公司聯營以及分散尖峰時段航班外，更應儘速闢建中正國內航站，以紓解台北松山機場的壓力。由於松山機場的可及性及便利性是其他替選場址所無法取代的，因此，從兼顧空運發展及降低環境衝擊的觀點，仍應積極對松山機場的現址進行整體的規劃，並據以次第進行相關設施的擴建或整建；另爲因應長遠的空運發展需要，除闢建中正國內站外，也宜及早深入評估其他鄰近場址作爲輔助機場之可行性。

3. 高雄小港機場的國內航線運量僅次於台北松山機場，依據供需檢討可知，在各目標年國內客運航站的服務水準仍難達預期之標準，因此未來若可配合新南部國際機場的發展，將現有的國際航廈改爲國內航線使用，將可因應所需；至於國內停機坪部分，由於高雄機場的國際航廈已新建完成，原有的遠端國際線停機坪已轉供國內線航班使用，因此將可因應目標年之停機需求。

4. 台中水湳機場現只有一條僅能供50人座以下的航機起降的跑道，再加上尚無全長之平行滑行道，因此應儘早進行平行滑行道的興建，使其成爲完整的滑行道系統，以提升跑道容量。

5. 嘉義、台南、屏東、花蓮與馬公等機場不論是現況或未

來皆存在起降額度不足、停機位不夠以及客運航站飽和等問題，因此，除應向軍方爭取較高的民航機起降額度外，並應檢討規劃設立專屬的民航站區，逐步擴建，以利民航發展之需。

6. 台東機場面臨的挑戰，除了起降額度不足、客運航站飽和外，尚有民航站區位於平行滑行道的另側，航機起降滑行必須橫越跑道，影響跑道容量及地面運作之缺點，因此未來除需向軍方爭取較高的民航機起降額度、重新規劃民航站區外，並應檢討跑道與平行滑行道重新配置的可行性。

7. 金門機場的客運航站雖剛啟用，但因金門開放觀光後運量的成長迅速，現有的客運航站，於尖峰時段已達飽和，因此有必要儘早著手進行擴建規劃，於民國96年前也需協調軍方增加民航機起降額度。

8. 馬祖北竿機場受限於短跑道、地形、因此僅能供20人座以下的航機起降。短期而言，為提高跑道的安全性，應先剷除位於21號跑道兩側部分之山丘；長期而言，仍應儘早評估決定是否闢建南竿機場，據以整體規劃馬祖地區的空運發展。

9. 至於綠島機場，雖剛完成跑道延長工程、停機坪及客運航站擴建。但因運量成長太快，尖峰時段客運航站已顯壅塞，極需進行再擴建之規劃。另因跑道太短，又無平行滑行道，根據運量需求預測結果，應於民國99年前完成跑道再延長工程或興建平行滑行道，以因應需要。

10. 蘭嶼機場剛完成跑道延長工程、停機坪及客運站屋擴建，按空運需求預測結果，尚能因應需要。

11.七美與望安機場的客運站屋,於尖峰時段均已達飽和,應儘速擴建,以提高服務水準。

12.依據國內航空客運量的預測結果,未來台灣地區除了現有的國內機場繼續營運外,依研究建議規劃增設中正國內站、新中部、新竹、恒春以及宜蘭等5個國內機場。

◇短期內在中正機場現有的戰備停機坪區闢建簡易之國內航空站於民國89年前先行營運,未來再依目標年的運量需求,重新規劃國內民航站區。

◇與軍方協商,將新竹民航站區設置於新竹空軍基地內,初期可以簡易航空站開放營運,並視客運需求,逐步擴建民航站區。

◇於南投、彰化以及雲林之範圍內,選擇一區位闢建新中部國內機場,初期可先行設置直昇機機場,長期則以發展固定翼儀降機場為目標。

◇恒春機場初期以「恒春機場整建計畫」年服務17萬人次的規模先行營運,提供民航的服務,未來則視客運成長情形發展擴建。

◇與軍方協商將宜蘭機場設置於宜蘭基地,初期闢設直昇機機場,並視運量需求發展為固定翼民航機場。

13.在固定翼航線的發展規劃方面,依研究建議,現有各航線均繼續維持營運;另依據需求預測結果並配合新闢國內機場的開放營運時程,適時開闢新國內機場到主要城市的航線,預估至民國109年可再新增34條固定翼航線,包括台北——新中部等13條西部走廊航線、

桃園——花蓮等7條東西部間航線以及馬公——桃園等14條離島航線。

14. 在直昇機航線發展規劃方面，依研究建議，應以提供無固定翼航線服務的中短程城際運輸服務為主，並配合觀光事業之發展，提供空中觀光遊覽的服務。

機場聯外運輸方面

目前台灣地區各機場的聯外運輸系統服務水準均欠佳，因此建議在國際機場的聯外運輸方面，除了規劃聯外道路銜接高速公路系統外，更應側重於規劃軌道運輸系統以及公路客運系統，以提供旅客便捷，可靠度高的大眾運輸系統；而國內機場的聯外運輸，除了將聯外道路與地區主要道路相連接外，並應盡可能提供大眾運輸服務，提供機場旅客良好的轉乘服務設施。至於離島機場，則以規劃適當的大眾運輸系統與便捷的聯外道路系統為主。

由上述三方面考量顯示，在國家整體運輸市場中，航空運輸雖然僅為公路運輸之輔助性角色，惟在需求成長情況下，航空運輸市場仍將持續成長，因而大部分機場均有設施不足，服務水準每況愈下的壓力。為此，民航主管機關宜針對各機場的情況，分別釐訂分期擴建或改建計畫，以因應未來運量成長之需要。

附錄

附錄一

民用航空法

中華民國四十二年五月三十日總統令公布

中華民國六十三年一月四日總統（六三）臺統（一）義字第
○○二四號令公布修正

中華民國七十三年十一月十九日總統73.11.19華總（一）義字
第六一六七號令公布修正第二條、第十條、第二十二條、第
三十五條、第三十七條、第三十八條、第四十四條、第四十
五條、第六十四條、第七十三條、第七十六條、第七十六條
至第八十九條、第九十一條及第九十二條；增訂第三十二條
之一、第七十六條之一及第九十二條之一；並刪除第九十條
條文

中華民國八十四年一月二十七日華總（一）義字第○五七○
號令公布修正

中華民國八十四年二月九日總統（八四）華總（一）義字第
○五七○號令公布修正第十條及第十五條；增訂第十條之一
條文

第一章　總則

第　一　條　為保障飛航安全，健全民航制度，符合國際民
用航空標準法則，促進民用航空之發展，特制
定本法。

第　二　條　本法用詞，定義如左：
一、航空器：指飛機、飛艇、氣球及其他任何
藉空氣之反作用力，得以飛航於大氣中之
器物。
二、航空站：指全部載卸客貨之設施與裝備，
及用於航空器起降活動之區域。

三、飛航：指航空器之起飛、航行、降落及起飛前降落後所需在飛行場之滑行。

四、航空人員：指航空器駕駛員、領航員、飛航通信員、飛航機械員與其他為飛航服務之航空機械、飛航管制及航空器簽派人員。

五、飛行場：指用於航空器起降活動之水陸區域。

六、助航設備：指輔助飛航通信、氣象、無線電導航、目視助航及其他用以引導航空器安全飛航之設備。

七、航路：指經民用航空局指定適於航空器空間航行之通路。

八、特種飛航：指航空器試飛、特技飛航、逾限或故障維護及運渡等經核准之單次飛航活動。

九、飛航管制：指為求增進飛航安全，加速飛航流量及促使飛航有序，所提供之服務。

十、機長：指負責航空器飛航時之作業及安全之駕駛員。

十一、民用航空運輸業：指以航空器直接載運客、貨、郵件，取得報酬之事業。

十二、普通航空業：指除經營航空客、貨、郵件運輸以外之航空事業。

十三、航空貨運承攬業：指以自己之名義，為他人之計算，使民用航空運輸業運送航空貨物而受報酬之事業。

十四、航空站地勤業：指於機坪內從事航空器拖曳、導引、行李、貨物與餐點裝卸，機艙清潔及其他有關勞務之事業。

十五、航空器失事：指自任何人員為飛航目的登上航空器時起，至所有人員離開該航空器時止，於航空器運作中所發生之事故，直接對他人或航空器上之人，造成死亡或傷害，或使航空器遭受實質上之損壞或失蹤。

第　三　條　交通部為辦理民用航空事業，設交通部民用航空局（以下簡稱民航局）；其組織另以法律定之。

第　四　條　空域之運用及管制區域、管制地帶、限航區與禁航區之劃定，由交通部會同國防部定之。

第　五　條　航空器自外國一地進入中華民國境內第一次降落，及自國境前往外國一地之起飛，應在指定之國際航空站起降。但緊急情況時不在此限。

第　六　條　航空器如須在軍用飛行場降落，或利用軍用航空站設備時，應由航空器所有人申請民航局轉請軍事航空管理機構核准。但因故緊急降落者，不在此限。

航空器在軍用飛行場起降，應遵照該場之規則，並聽從其指揮。

第二章　航空器

第　七　條　中華民國國民、法人及政府各級機關，均得依
　　　　　　本法及其他有關法令享有自備航空器之權利。
　　　　　　外國人，除依第七章有關規定外，不得在中華
　　　　　　民國境內自備航空器。
第　八　條　航空器應由所有人向民航局申請登記，經審查
　　　　　　合格後發給登記證書，已登記之航空器，非經
　　　　　　核准註銷其登記，不得另在他國登記。
　　　　　　曾在他國登記之航空器，非經撤銷其登記，不
　　　　　　得在中華民國申請登記。
第　九　條　領有登記證書之航空器，應由所有人向民航局
　　　　　　申請檢定；檢定合格者，發給適航證書。
第　十　條　航空器合於左列規定之一者，為中華民國航空
　　　　　　器：
　　　　　　一、中華民國國民所有者。
　　　　　　二、中華民國政府各級機關所有者。
　　　　　　三、依中華民國法律設立，在中華民國有主事
　　　　　　　　務所之左列法人所有者：
　　　　　　　　㈠無限公司之股東全體為中華民國國民
　　　　　　　　　者。
　　　　　　　　㈡有限公司之資本三分之二以上為中華民
　　　　　　　　　國國民所有，其代表公司之董事為中華
　　　　　　　　　民國國民者。
　　　　　　　　㈢兩合公司之無限責任股東全體為中華民
　　　　　　　　　國國民者。

四股份有限公司之董事長及董事三分之二以上為中華民國國民，其資本三分之二以上為中華民國國民所有者。

五其他法人之代表人全體為中華民國國民者。

除本法另有規定外，非中華民國航空器，不得在中華民國申請登記。

第十條之一　中華民國國民、法人及政府各級機關，以附條件買賣方式自外國購買之非中華民國航空器，於完成約定條件取得所有權前，或向外國承租之非中華民國航空器，租賃期間在六個月以上，且航空器之操作及人員配備均由買受人或承租人負責者，經撤銷他國之登記後，得登記為中華民國國籍。

前項之登記由買受人或承租人向民航局申請。但其登記不得視為所有權之證明。

本法修正施行前所為之登記符合本條之規定者，無須另為登記。

第 十 一 條　航空器登記後，應將中華民國國籍標誌及登記號碼，標明於航空器上顯著之處。

第 十 二 條　登記證書遇有左列情事之一者，失其效力：

一、航空器所有權移轉時。

二、航空器滅失或毀壞致不能修復時。

三、航空器拆卸或棄置時。

四、航空器喪失國籍時。

第 十 三 條　適航證書遇有左列情事之一者，失其效力：

一、有效期間屆滿時。

二、登記證書失效時。

三、航空器不合於適航安全條件時。

第 十 四 條　登記證書或適航證書失效時，由民航局公告作廢。持有人並應自失效之日起二十日內，向民航局繳還原證書。

第 十 五 條　已登記之航空器，如發現與第八條第二項、第十條或第十條之一之規定不合者，民航局應撤銷其登記，並令繳還登記證書。

第 十 六 條　登記證書失效時，除依前二條之規定辦理外，民航局應即註銷其登記。

第 十 七 條　航空器，除本法有特別規定外，適用民法及其他法律有關動產之規定。

第 十 八 條　航空器得為抵押權之標的。

航空器之抵押，準用動產擔保交易法有關動產抵押之規定。

第 十 九 條　航空所有權移轉、抵押權設定及其租賃，非經登記不得對抗第三人。

第 二 十 條　共有航空器準用海商法第十一條至第十四條及第十六條至第十九條之規定。

第二十一條　航空器，除本法或其他法律別有規定外，自開始飛航時起，至完成該次飛航時止，不得施行扣留、扣押或假扣押。

第二十二條　航空器、航空發動機、螺旋槳、航空器各項裝備及其備用重要零件之製造、修理廠、所，除依法申請設立外，應向民航局申請檢定；經檢定合格給證後，始可營業。

第三章　航空人員

第二十三條　航空人員應為中華民國國民，但經交通部特許者，不在此限。

第二十四條　航空人員經檢定合格，由民航局發給執業證書、檢定證及體格檢查及格證後，方得執行業務，並應於執業時隨身攜帶。

第二十五條　民航局對於航空人員之技能、體格或性行，應為定期檢查，並得為臨時檢查；經檢查不合標準者，應限制、暫停或終止其執業。
　　　　　　前項檢查標準，由民航局定之。

第二十六條　交通部為造就民用航空人才，得商同教育部設立民用航空學校。
　　　　　　私立航空人員訓練機構，於立案前，應先經交通部核准。

第四章　航空站、飛行場與助航設備

第二十七條　國營航空站由民航局報經交通部核准後設立經營之。省（市）、縣（市）營航空站由省（市）政府向民航局申請，經交通部核准後設立經營之；廢止時亦同。
　　　　　　航空站，除依前項規定外，不得設立。

第二十八條　飛行場得由中華民國各級政府、中華民國國民或具有第十條第一項第三款規定資格之法人向民航局申請，經交通部會同有關機關核准設立

經營；其出租、轉讓或廢止時亦同。

前項飛行場之經營人及管理人應以中華民國國民為限。

第二十九條　航空站及飛行場，非經民航局許可，不得兼供他用。

第 三 十 條　國境內助航設備，由民航局統籌辦理之。

第三十一條　航空站、飛行場及助航設備四周之建築物、燈光及其他障礙物，交通部得依照飛航安全標準，會同有關機關加以限制。

前項飛航安全標準，由民航局報請交通部核定公告之。

第三十二條　航空站、飛行場及助航設備四周有礙飛航之物體，得由民航局依照前條飛航安全標準通知物主限期拆遷或負責裝置障礙燈及標誌。

前項有礙飛航之物體，如於前條飛航安全標準訂定公告時已存在者，其拆遷由民航局給予合理補償。

第三十二條之一　航空站或飛行場四周之一定距離範圍內，禁止飼養飛鴿。其已設之鴿舍，由航空站及航空警察局會同有關警察機關通知其所有人限期遷移；逾期不遷移或仍有擅自設舍飼養者，強制拆除並沒入其飛鴿。

航空站或飛行場四周之一定距離範圍內，民航局應採取適當措施，防止飛鴿及鳥類侵入。

前二項之距離範圍，由交通部會同內政部劃定公告。

第三十三條　航空站、飛行場及助航設備所需之土地，得依
土地法之規定徵收之。

第三十四條　航空器使用航空站、飛行場及助航設備，應依
規定繳費；其收費標準，由交通部訂定公告
之。

第五章　飛航安全

第三十五條　航空器飛航時，應具備左列文書：
一、航空器登記證書。
二、航空器適航證書。
三、飛航日記簿。
四、載客時乘客名單。
五、貨物及郵件清單。
六、航空器無線電臺執照。
航空器飛航前，經民航局檢查發覺未具備前項
文書或其文書失效時，應制止其飛航。

第三十六條　航空器之特種飛航，應先申請民航局核准。

第三十七條　領有航空器適航證書之航空器，其所有人或使
用人，應對航空器為妥善之維護，並應於飛航
前依規定施行檢查，保持其適航安全條件。如
不適航，應停止飛航；檢查員或機長認為不適
航時亦同。
前項航空器，民航局應派員或委託有關機關、
團體指派合格之技術人員依規定施行定期或臨
時檢查，並應受民航局之監督，如其維護狀況
不合於適航安全條件者，應制止其飛航，並撤

銷其適航證書。

航空器檢查委託辦法，由交通部定之。

第三十八條　航空器飛航時，應遵照飛航及管制規則，並須接受飛航管制機構之指示。

航空人員飛航時不得逾各項規定標準之限制，其標準由民航局定之。

第三十九條　航空器不得飛航禁航區域。

第 四 十 條　航空器，除經民航局核准外，不得裝載武器、彈藥、爆炸物品、毒氣、放射性物料或其他危害飛航安全之物品。

航空人員及乘客亦不得私帶前項物品。

第四十一條　航空器飛航中，不得投擲任何物件。但法令另有規定，或為飛航安全，或為救助任務，而須投擲時，不在此限。

第四十二條　航空器在飛航中，機長為負責人，並得為一切緊急處置。

第四十三條　航空器及其裝載之客貨，均應於起飛前降落後，依法接受有關機關之檢查。

第六章　民用航空運輸業

第四十四條　經營民用航空運輸業者，應申請民航局核轉交通部核准，由民航局發給民用航空運輸業許可證後，依法向有關機關登記，方得營業。

民用航空運輸業自核准登記之日起，逾六個月未備有航空器開業，或開業後停業逾六個月者，除因特殊情形申請延期經核准者外，前項

許可證即失其效力，並由民航局通知有關機關撤銷其登記。

前二項規定，於經營普通航空業、航空貨運承攬業及航空站地勤業者準用之。

第四十五條 民用航空運輸業為法人組織，並應合於第十條第一項第三款第一目至第五目之規定。

股份有限公司發行股票者，其股票應記名。

前二項規定，於經營普通航空業、航空貨運承攬業及航空站地勤業者準用之。但航空貨運承攬業及航空站地勤業因條約或協定另有規定者，不在此限。

第四十六條 民用航空運輸業須持有航線證書，方得在指定航線上經營定期航空運輸業務；航線起迄經停地點、業務性質及期限，均在航線證書上規定之。

第四十七條 民用航空運輸業許可證或航線證書，不得轉移，其持有人不得認為已取得各該許可證或證書所載各項之專營權。

第四十八條 已領有航線證書之民用航空運輸業，或經停中華民國境內之航空器，應依郵政法之規定，負責載運郵件。

第四十九條 航空函件運費應低於普通航空貨物運價；航空郵政包裹運費不得高於普通航空貨物運價。

第 五 十 條 民用航空運輸業對航空函件，應在客貨之前優先運送。

第五十一條 民用航空運輸業客貨之運價，由交通部核定，非經申請核准不得增減之。

交通部爲增進飛航安全，擴建設備，得徵收航
空保安建設費。但不得超過客貨運價百分之
十；其徵收標準，由交通部報請行政院核定
之。

第五十二條　民用航空運輸業應將左列表報按期送請民航局
核轉交通部備查：

一、有關營運者。

二、有關財務者。

三、有關航務者。

四、有關機務者。

五、股本百分之五以上股票持有者。

民航局於必要時，並得檢查其營業財務狀況及
其他有關文件。

第五十三條　民用航空運輸業具有左列情事之一者，除應依
法辦理外，並應申報民航局核轉交通部備查：

一、增減資本。

二、發行公司債。

三、與其他民用航空運輸業相互間或與其他企
　　業組織間，有關租借、聯運及代理等契
　　約。

四、主要航務及機務設備之變更或遷移。

五、兼營航空運輸以外業務。

第五十四條　民航局爲應公共利益之需要，得報請交通部核
准後，通知民用航空運輸業修改或增闢指定航
線。

第五十五條　政府還有緊急需要時，民用航空運輸業應接受
交通部之指揮，辦理交辦之運輸事項。

第五十六條　民用航空運輸業依法解散時，其許可證及航線證書同時失效，並應於三十日內向民航局繳銷之。

第五十七條　民用航空運輸業許可證及航線證書訂有期限者，期滿後非依法再行申請核准，不得繼續營業。

第七章　外籍航空器或外籍民用航空運輸業

第五十八條　外籍航空器，非經交通部許可，不得在中華民國領域飛越或降落。

第五十九條　外籍航空器或外籍民用航空運輸業，須經交通部許可，始得飛航於中華民國境內之一地與境外一地之間，按有償或無償方式非定期載運客貨郵件。

第 六 十 條　外籍航空器或外籍民用航空運輸業，依條約或協定，定期飛航於中華民國境內之一地與境外一地之間，按有償或無償方式載運客貨、郵件，應先向民航局申請核發航線證書。

外籍航空器或外籍民用航空運輸業，如違反本法或有關法規之規定或航線證書所列之條件，或違反前項條約或協定之規定，民航局得暫停或撤銷其所發給之航線證書。

第六十一條　外籍航空器或外籍民用航空運輸業，不得在中華民國境內兩地之間按有償或無償方式載運客貨、郵件或在中華民國境內經營普通航空業務。

第八章　航空器失事調查

第六十二條　航空器失事時，該航空器所有人、承租人或借
　　　　　　用人，應即報告民航局，提供一切資料並採取
　　　　　　行動，救護並協助失事調查。

第六十三條　航空器失事，在其附近空域飛航之航空器，有
　　　　　　參加搜尋救護之義務。失事現場之地方有關機
　　　　　　關，應協助民航局人員進行失事調查。

第六十四條　航空器如涉及空運公共安全，情節重大時，民
　　　　　　航局得會同有關機關組成臨時機構進行調查，
　　　　　　並將調查報告送請交通部核定公告。

第六十五條　失事調查如涉及軍用航空器者，民航局應與軍
　　　　　　事機關協同進行之。

第六十六條　失事調查如涉及或純為外籍航空器時，民航局
　　　　　　得許可該航空器登記國指派人員協同進行。

第九章　賠償責任

第六十七條　航空器失事致人死傷，或毀損動產或不動產
　　　　　　時，不論故意或過失，航空器所有人應負損害
　　　　　　賠償責任。其因不可抗力所生之損害，亦應負
　　　　　　責。自航空器上落下或投下物品，致生損害時
　　　　　　亦同。

第六十八條　航空器依租賃或借貸而使用者，關於前條所生
　　　　　　之損害，由所有人與承租人或借用人負連帶賠
　　　　　　償責任。但租賃已登記，除所有人有過失外，
　　　　　　由承租人單獨負責。

第六十九條　乘客於航空器中或於上下航空器時，因意外事故致死亡或傷害者，航空器使用人或運送人應負賠償之責。但因可歸責於乘客之事由，或因乘客有過失而發生者，得免除或減輕賠償。

第 七 十 條　損害之發生，由於航空人員或第三人故意或過失所致者，航空器所有人、承租人或借用人，對於航空人員或第三人有求償權。

第七十一條　乘客及載運貨物，或航空器上工作人員之損害賠償額，有特別契約者，依其契約；無特別契約者，由交通部依照本法有關規定並參照國際間賠償額之標準訂定辦法，報請行政院核定公告之。

前項特別契約，應以書面爲之。

第七十二條　航空器所有人應於依第八條申請登記前，民用航空運輸業應於依第四十四條申請許可前，投保責任保險。

前項責任保險，經交通部訂定金額者，應依訂定之金額投保之。

第七十三條　外籍航空器經特許在中華民國領域飛航時，交通部得令其先提出適當之責任擔保金額或保險證明。

第七十四條　未經提供責任擔保之外籍航空器，或未經特許緊急降落或傾跌於中華民國領域之外籍航空器，地方機關得扣留其航空器及駕駛員；其因而致人或物發生損害時，並應依法賠償。

遇前項情形，除有其他違反法令情事外，航空器所有人、承租人、借用人或駕駛員能提出擔保經地方機關認可時，給予放行。

第七十五條　因第六十七條所生損害賠償之訴訟，得由損害
　　　　　　發生地之法院管轄之。
　　　　　　因第六十九條所生損害賠償之訴訟，得由運送
　　　　　　契約訂定地或運送目的地之法院管轄之。
第七十六條　因航空器失事，致其所載人員失蹤，其失蹤人
　　　　　　於失事滿六個月後，法院得因利害關係人或檢
　　　　　　察官之聲請，為死亡之宣告。
第七十六條之一　航空器失事之賠償責任及其訴訟之管轄，
　　　　　　除本法另有規定外，適用民法及民事訴訟法之
　　　　　　規定。

第十章　罰則

第七十七條　以強暴、脅迫或其他方法劫持航空器者，處死
　　　　　　刑、無期徒刑。
　　　　　　前項之未遂犯罰之。
　　　　　　預備犯第一項之罪者，處三年以下有期徒刑。
第七十八條　以強暴、脅迫或其他方法危害飛航安全或其設
　　　　　　施者，處七年以下有期徒刑、拘役或二萬元以
　　　　　　上七萬元以下罰金。
　　　　　　因而致航空器或其他設施毀損者，處三年以上
　　　　　　十年以下有期徒刑。
　　　　　　因而致人於死者，處死刑、無期徒刑或十年以
　　　　　　上有期徒刑。致重傷者，處五年以上十二年以
　　　　　　下有期徒刑。
　　　　　　第一項之未遂犯罰之。
第七十九條　違反第四十條規定者，處五年以下有期徒刑、
　　　　　　拘役或一萬元以上五萬元以下罰金。

因而致人於死者，處無期徒刑或七年以上有期徒刑。致重傷者，處三年以上十年以下有期徒刑。

第 八 十 條　使用未領適航證書之航空器飛航者，處五年以下有期徒刑、拘役或一萬元以上五萬元以下罰金；以無效之適航證書飛航者亦同。

第八十一條　未領執業證書、檢定證及體格檢查及格證而從事飛航者，處五年以下有期徒刑、拘役或一萬元以上五萬元以下罰金；雇用者亦同。

第八十二條　以詐術申請檢定或登記因而取得航空人員執業證書、檢定證、體格檢查及格證或航空器登記證書或適航證書者，處五年以下有期徒刑、拘役或一萬元以上五萬元以下罰金。

前項書、證由民航局撤銷。

第八十三條　違反第五十八條規定者，其機長處三年以下有期徒刑、拘役或一萬元以上五萬元以下罰金。

第八十四條　航空人員或乘客違反第四十一條規定，而無正當理由者，處三年以下有期徒刑、拘役或一萬元以上三萬元以下罰金。

第八十五條　違反第三十九條規定者，處二年以下有期徒刑、拘役或四千元以上二萬元以下罰金。

第八十六條　有左列情事之一者，處航空人員一萬元以上五萬元以下罰鍰；情節重大者，停止其執業或撤銷其執業證書：

一、飛航逾各項規定標準限制者。

二、飛航時航空器應具備之文書不全者。

三、無故在飛行場以外降落或起飛者。

四、無故不遵照指定之航路及高度飛航者。

五、航空器起飛前降落後拒絕檢查者。

六、執業證書或檢定證書應繳銷而不繳銷者。

七、其他違反本法或依本法所發布命令者。

第八十七條 有左列情事之一者，處航空器所有人、使用人、或民用航空運輸業、普通航空業、航空貨運承攬業、航空站地勤業負責人一萬元以上五萬元以下罰鍰：

一、航空器國籍標誌及登記號碼不明，或不依規定地位標明者。

二、未經許可，而經營民用航空運輸業或普通航空業、航空貨運承攬業、航空站地勤業務者。

三、登記證書或適航證書及依據本法所發其他證書應繳銷而不繳銷者。

四、不遵守噪音管制規定者。

五、違反第五十一條第一項、第五十二條第一項或第五十三條規定者。

六、妨礙第五十二條第二項規定檢查者。

七、其他違反本法或依本法所發布命令者。

第八十八條 未經核准，設立民營飛行場者，處飛行場經營人一萬元以上三萬元以下罰鍰。

第八十九條 有左列情事之一者，處民營飛行場經營人或管理人五千元以上二萬元以下罰鍰：

一、未經許可，將飛行場兼供他用者。

二、未經許可，將飛行場廢止、讓與或出租者。

三、飛行場收取費用不依規定者。

第 九 十 條　（刪除）

第九十一條　依本法所處罰鍰，經通知逾期不繳納者，移送
　　　　　　法院強制執行。

第十一章　附則

第九十二條　航空器登記、適航檢定給證、飛航、失事調查
　　　　　　處理、修理廠所設立、航空人員檢定給證、航
　　　　　　空人員訓練機構設立與民用航空運輸業、普通
　　　　　　航空業、航空貨運承攬業、航空站、地勤業、
　　　　　　民營飛行場、航空貨運站倉儲貨物等管理規則
　　　　　　及外籍航空器飛航國境規則，由交通部定之。
　　　　　　本法未規定事項，涉及國際事務者，民航局得
　　　　　　參照有關國際公約及其附約所訂標準、建議、
　　　　　　辦法或程序報請交通部核准採用，發布施行。

第九十二條之一　依本法規定核准發給之證明，得徵收證照
　　　　　　費；其費額由交通部定之。

第九十三條　本法自公布日施行。

附錄二

交通部民用航空局組織條例

中華民國三十六年五月十日國民政府令制定公布

中華民國六十一年一月六日總統臺統（一）義字第八四六號令修正公布

第　一　條　本條例依民用航空法第十四條之規定制定之。

第　二　條　交通部民用航空局之職掌如左：

一、民航事業發展之規劃與政策之擬訂事項。

二、國民民航營運計畫，國際民航組織及國際民航合作之聯繫、協商與推動事項。

三、民航運輸業之管理督導事業。

四、飛航標準之釐訂及飛航安全之策劃、督導與航空技術人員之培育與訓練事項。

五、航空通訊、氣象及飛航管制之規劃、督導與查核事項。

六、民航場站及助航設施之規劃建設事項。

七、軍、民航管制之空域運用及助航設施之協調聯繫事項。

八、民航設施、航空器材之籌補、供應、管理及入出口證照之審核事項。

九、其他有關民航事項。

第　三　條　本局設七組，分掌前條所列事項，並得分科辦事。

第　四　條　本局設秘書室，掌理文書、事務、出納、議事、印信典守、車輛管理及其他不屬於各組事項。

第　五　條　本局置局長一人，綜理局務，指揮監督所屬人員及機關；副局長二人，襄理局務，其職位均列第十至第十四職等。

第 六 條　本局置組長七人，主任一人，專門委員二人至四人，職位均列第八至第十二職等；副組長六人，秘書一人或二人，督察二人至四人，技正十九人至二十九人，職位列第七至第十一職等；科長十六人至二十二人，編審一人至三人，專員四人至十二人，視察一人至三人，職位均列第六至第九職等；技士九人至十五人，科員二十人至三十人，技佐四人至八人，助理員二人至四人，職位均列第一至第五職等，其中技士三人至五人，科員六人至十人職位得列第六或第七職等；書記三人至六人，職位列第一至第三職等。

第 七 條　本局設人事室、會計室，各置主任一人，職位均列第六至第九職等，依法律規定分別辦理人事、歲計、會計及統計事項。前項各室所需工作人員，應就本條例所定員額內派充之。

第 八 條　本局因業務需要，得置顧問二人，醫師一人，依聘用人員聘用條例聘用之。

第 九 條　第五條至第七條所定各職稱人員，其職位之職系，依公務職位分類法及職系說明書，就交通行政、交通技術管理、電信航空管制、航空駕駛、航空工程、人事行政、會計、統計及其他有關職系選用之。

第 十 條　本局視業務需要，得設各級航空站、飛航服務總臺及庫、處、廠隊等附屬機構，暨訓練修造機構，並得於必要時，在全國設置區局辦理本局內有關民航局業務。前項各機構組織通則，另以法律定之。

第 十 一 條　本局依警察法第五條之規定，得商准內政部設
　　　　　　航空警察機構。

第 十 二 條　本局視業務需要，得設各種委員會，所需工作
　　　　　　人員，應就本條例所定員額內派充之。

第 十 三 條　本局辦事細則，由本局擬訂呈請交通部核定。

第 十 四 條　本條例自公布日施行。

附錄三

交通部民用航空局辦事細則

中華民國六十一年十一月二十三日交通部交人（六一）字第
一五七一四號令核定

中華民國七十四年二月五日交通部六人（七四）字第〇三〇
七一號令修正發布

中華民國七十五年九月十五日交通部交人發字第七五二八號
令修正發布

中華民國八十年十二月三十一日交通部交人發字第八〇四一
號令修正發布

中華民國八十四年二月九日總統（八四）華總（一）義字第
〇五七〇號令公布修正第十條及第十五條；增請第十條之一
條文

中華民國八十五年四月十八日交通部交人（八五）字第〇〇
二一一二號令發布

中華民國八十五年四月二十七日交通部交人（八五）字第〇
〇二一一二號函修正

第一章　總則

第　一　條　本細則依交通部民用航空局組織條例第十三條
　　　　　　訂定之。

第　二　條　本局處理事務，除法令別有規定外，悉依本細
　　　　　　則辦理。

第二章　職掌

第　三　條　本局設企劃組、空運組、飛航標準組、航管
　　　　　　組、助航組、場站組、供應組、秘書室、會計
　　　　　　室、人事室。

各組室掌理事項，依照本局組織條例及實際業務情況訂定之，各組並得分科辦事。

第　四　條　企劃組職掌如左：

一、遠程、中程、近程發展計畫之研訂、進度管制及檢討事項。

二、年度施政計畫之彙編、進度管制、考核及檢查事項。

三、民航國際組織及國際民航合作之聯繫、協調、參與及推動事項。

四、有關國際法制規章、合約之研究、會商、會核及處理事項。

五、民航雙邊協定之策劃、研訂及推行事項。

六、國際訪問之規劃及外賓之接待事項。

七、民航法規定之審查、發布及彙編事項。

八、本局有關法律事務之會辦及處理事項。

九、本局國家賠償及訴願案之處理事項。

十、研究發展業務之推動事項。

十一、有關民航資料之蒐集、編譯及運用事項。

十二、航空器購售、租賃、抵押之核准、登記及給證事項。

十三、航空器保險及失事賠償之督導事項。

十四、其他交辦事項。

第　五　條　空運組職掌如左：

一、民航運輸業、航空貨運承攬業、普通航空業、航空站地勤業及航空貨物集散站經營業，設立之審議、給證事項。

二、民航運輸業、航空貨運承攬業、普通航空業、航空站地勤業及航空貨物集散站經營業營運之管理、督導與有關法規研議修正事項。

三、客、貨、郵運運價及航空貨運承攬業與航空站地勤業費率之審核事項。

四、航線分配之審議事項。

五、中外民航運輸業定期班機及不定期飛航申請之審核事項。

六、中外民用航空器出入及飛越國境之審核事項。

七、民航運輸業新開航線試航之綜合彙辦事項。

八、外籍民航運輸業於中華民國境內委託總代理之審核事項。

九、民航運輸業相互間有關租借、聯營及代理契約之審核事項。

十、空運便利業務之改進建議事項。

十一、空運緊急調配事項。

十二、航空站空運作業經營管理之督導事項。

十三、場站消防之規劃督導事項。

十四、普通航空業飛航申請之審核事項。

十五、其他交辦事項。

第　六　條　飛航標準組職掌如左：

一、航空人員之考驗、檢定、給證、登記及標準之研訂事項。

二、航空器及航空器材標準之研訂與適航檢定給證事項。

三、有關飛航安全之研究規劃及飛行場地面安全之督導事項。

四、航空器修造廠、所標準之研訂與設備之檢定給證事項。

五、航空醫務規劃督導及航空人員體檢給證事項。

六、通訊助航設施、飛行測試之規劃及執行事項。

七、飛航及機務之查核事項。

八、航空器失事預防之策劃督導事項。

九、航空器失事、違規及搜救調查之處理聯繫事項。

十、劫機及破壞事件之處理事項。

十一、航空器之試飛及特種飛航之申請核准給證事項。

十二、民航訓練機構之設立及專業訓練之規劃督導事項。

十三、航空器之消防及搶救之規劃督導事項。

十四、民用航空防颱措施事項。

十五、其他交辦事項。

第　七　條　航管組職掌如左：

一、飛航管制、航空通訊、航空氣象、飛航情報業務之規劃、規章研訂及研究改進事項。

二、飛航情報區空域運用、航管系統及其助航設施佈署之規劃事項。

三、飛航服務標準之研訂事項。

四、飛航服務之督導及其改進建議處理事項。

五、航路設立及航路終端區域圖籍之訂製事項。

六、航空無線電頻率之申請、分配及協調事項。

七、飛航服務平面電信需求計畫事項。

八、航空器電臺查驗給證及空用通信電子裝備進出口護照申請案件之審查與核轉事項。

九、飛航指南之編纂及修訂頒發事項。

十、第二類飛航公告及航空公報之辦理與頒發事項。

十一、飛航管制、航空通訊、航空氣象及人員訓練、檢定標準釐訂事項。

十二、飛航管制違規事件之處理事項。

十三、飛航測試及航空器失事會辦事項。

十四、航空器噪音降低管制之協調及處理事項。

十五、航空站或飛行場四周防止飛鴿及其他鳥類侵入工作之辦理事項。

十六、其他交辦事項。

第 八 條　助航組職掌如左：

一、助航設施規章及標準之研訂事項。

二、助航設施器材規格之審訂及會辦籌備開標審標事項。

三、新建助航設施臺址之勘測、工程之設計、設備之裝設及其性能之地面測試等事項。

四、主管助航工程之規劃、籌建、開標、訂約、施工督導、工程核驗及土木工程之會辦事項。

五、助航設施運用維護、效能之檢驗及檢討改進飛航測試業務會辦事項。

六、助航設施鄰近有礙性能目標物之鑑定及機場附近有礙飛航安全建築物之障礙燈光設施之處理與會辦事項。

七、助航設施器材零件購案之審核及軍方器材零件補給案件處理之會辦事項。

八、航空公司及本局陸用電信器材申請進出口護照案件之審查與核轉事項。

九、軍民助航設施運用之協調事項。

十、助航設施技術人員之訓練標準及檢定標準之釐訂事項。

十一、航空無線電頻率之有效利用及干擾之研究處理等事項。

十二、局屬各單位有線通訊之策進、管理及改進事項。

十三、電子資料處理作業之研究分析事項。

十四、其他交辦事項。

第　九　條　場站組職掌如左：

一、場站工程技術標準及有關規章之研議與訂定事項。

二、機場之勘選及規劃事項。

三、場站建設工程之規劃設計、執行及授權建議等事項。

四、民營飛行場興建之督導事項。

五、各單位之土木建築工程測量、設計之審核及督導事項。

六、機場起降地區內之建築物之審核及障礙物之處理事項。

七、關於場站設施之建議處理事項。

八、場站工程設施維護之核辦事項。

九、土地測量收購聯繫協議審核等事項。

十、第一、二類財產之管理督導事項。

十一、其他交辦事項。

第　十　條　供應組職掌如左：

一、設備與器材採購作業程序之研擬與修訂事項。

二、採購案件之辦理事項。

三、所屬機構採購案件之審核及督導事項。

四、市場與廠商調查事項。

五、開標、訂約、履約之督導、核驗及報關提運事項。

六、設備器材之管制、分發及料帳作業事項。

七、庫存作業之管理督導事項。

八、民用航空器材及用品輸出入簽證之核轉事項。

九、超額與呆廢器材設備之處理事項。

十、第三、四、五類財產之管理事項。

十一、其他交辦事項。

第 十 一 條　秘書室職掌如左：
　　　　　一、重要公文彙編綜核事項。
　　　　　二、重要案件之管制與協調事項。
　　　　　三、本局各類經費、各項專款及有價值證券之
　　　　　　　出納、保管與登記事項。
　　　　　四、本局一般財產物品之購置、保管、供應、
　　　　　　　修繕、調配、登記及處理事項。
　　　　　五、本局員工薪餉發放事項。
　　　　　六、本局員工宿舍之管理、調配與財務保險事
　　　　　　　項。
　　　　　七、本局安全管理、工友管理、集會管理、辦
　　　　　　　公處所管理及車輛管理事項。
　　　　　八、印信典守事項。
　　　　　九、公文收發分文、繕校及稽催管制事項。
　　　　　十、檔案圖書及資料之管理事項。
　　　　　十一、本局大事記之編輯及局務會議業務會報
　　　　　　　　之紀錄及整理分發事項。
　　　　　十二、勞工保險事項。
　　　　　十三、公共關係業務之聯繫、處理及建議事
　　　　　　　　項。
　　　　　十四、不屬其他各組室事項。
　　　　　十五、其他交辦事項。
第 十 二 條　會計室職掌如左：
　　　　　一、本局預算及預算分配之籌劃編製事項。
　　　　　二、本局預算之執行、控制及財務之稽核事
　　　　　　　項。
　　　　　三、本局會計憑證之審核、編製及送審事項。

四、本局會計簿籍之登記、會計報告、績效報告、及工作進度報告之編製事項。

五、本局財產增減之審核及統制帳之登記事項。

六、本局經費流用及保留之申辦事項。

七、本局支票之會簽庫存現金票據銀行存款之查點事項。

八、本局決算之彙核及編製事項。

九、本局財物購置、營繕工程之會同監標、監驗事項。

十、本局債權、債務及各種契約合同之會核登記事項。

十一、本局歲入及收入之稽徵報繳及收費費率之研擬事項。

十二、本局財務調度之研擬事項。

十三、本局會計制度及財務章則辦法之研擬及修訂事項。

十四、本局及所屬會計機構之設置及會計人員任免、遷調、考核、獎懲等會計人事之擬議辦理事項。

十五、本局公務統計資料之蒐集、分析及編報事項。

第 十 三 條　人事室職掌如左：

一、本局及所屬機構組織編制、預算員額之擬辦事項。

二、本局職員任免、銓敘、俸給、遷調、考績、獎懲、待遇、退休、退職、資遣及撫卹之擬辦事項。

三、本局及所屬機構職員考績勤惰、差假之辦
　　理與登記事項。

四、本局及所屬機構工級人員僱用、考核、退
　　撫案件之審核事項。

五、本局人員甄補、儲訓、進修、觀摩、實習
　　及考察之辦理事項。

六、本局公務人員保險、眷屬保險、退休人員
　　保險及其配偶疾病保險及飛行人員意外保
　　險之簽辦事項。

七、本局員工福利、同仁互助、實物配給及各
　　項補費之查核辦理事項。

八、人事資料登記管理、人事統計報表、資歷
　　證明、職員證及服務證之核發事項。

九、本局所屬人事機構設置之擬議及人事人員
　　之管理事項。

十、本局及所屬機構國防工業專門技術員工緩
　　召案件之核辦事項。

十一、本局員工出國案件及航空公司外籍人士
　　　（駕駛員除外）聘僱案之簽辦事項。

十二、本局員工通行證之核辦事項。

十三、航空公司員工僱用之登查及空勤服務證
　　　之核發事項。

十四、本局人事規章之擬訂及本室業務研究發
　　　展事項。

十五、本局人事管理之建議及改進事項。

十六、本局及所屬各級主管交代稽查及銓審互
　　　核事項。

十七、本局所屬人事業務之督導事項。

十八、本局及所屬機構人事查核與警衛安全事項。

十九、本局人事行政資訊管理業務之推行事項。

附錄四

中正國際航空站暨第二期
新航站設施

簡介

　　中正國際機場位於桃園縣大園鄉，距台北市區40公里，總面積1,130餘公頃，共分航機作業、旅客航站、管制塔台與飛航作業、貨運、飛機維護、空中廚房、儲油、郵電中心、機場旅館及行政勤務等十區。

　　一期航站大廈係於民國68年2月完成，為地上四層、地下一層之建築物，樓地板總面積約169,500平方公尺，設置22座登機門。航廈設施係以尖峰小時4,000人次，年旅客量8,000,000人次為規劃容量。

　　鑒於近年來我國經貿大幅成長，空運量日趨增加，至78年旅客運量已達774萬人次，逐漸逼近第一期航站大廈之設計容量；在貨運方面，78年運量為56.1萬噸，已逾原定計劃之第一期目標42萬噸／年，且空運量上正繼續成長中，依照本機場原計劃綱要，第二期航站區工程之設計興建實為刻不容緩。

　　民航局乃於民國77年8月委託中華顧問工程公司協同原負責規劃之美國派森斯公司針對現有運量及航站設施，加以評估檢討、輔以電腦作迴歸分析，預測至民國99年之運輸量及機場航站各項配合設施之需求，作第二期航站區興建工程設計之依循。

　　而計劃已於民國78年10月開始進行規劃設計，並於民國80年2月辦理土方發包施工，期間81年又依據荷蘭機場顧問公司主計劃修訂及空運中心政策計劃修訂致發包延後，預定

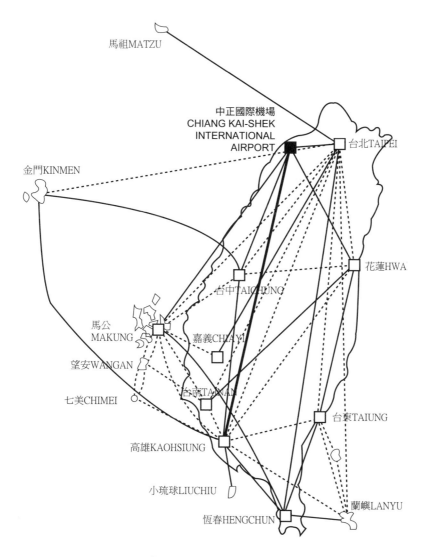

馬祖MATZU

中正國際機場
CHIANG KAI-SHEK
INTERNATIONAL
AIRPORT

台北TAIPEI

金門KINMEN

花蓮HWA

台中TAICHUNG

馬公
MAKUNG

嘉義CHIAYI

望安WANGAN

七美CHIMEI

台南TAINAN

台東TAIUNG

高雄KAOHSIUNG

小琉球LIUCHIU

蘭嶼LANYU

恆春HENGCHUN

中正國際機場位置圖

民國88年下半年可完竣啓用，其工程預算約爲221億元，按各項工程進度分七會計年度編列。配合中正國際機場周邊土地使用進行航空城整體規劃，以發展成爲亞太空運中心。

第二期航站區工程內容

航站大廈工程

本工程包括工程航廈之結構、建築、電機、空調、衛生消防、機械及空橋等工程，尖峰小時能量爲出入境旅客雙向5,000人次，年出入境旅客量14,000,000人次爲設計容量，另設置寬廣過境轉機旅客設施，供2,800,000人次過境及轉機旅客使用，合計年容量約1,700萬人次。有關二期航廈之設計要項，列述如下：

項目	
報到櫃檯	158個（8座島臺）
出境證照查驗台	42個
出境安全檢查	8個
入境證照查驗台	58個
行李提取轉盤	6座
海關檢查台	34個

於航廈非管制區內設置聯外捷運系統及管制區內設置自動電車系統連接一、二期航廈，以便利轉機旅客使用。

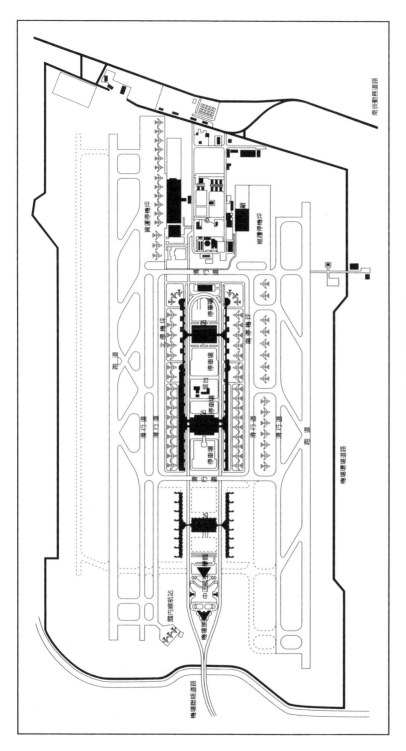

中正國際機場全區配置圖

停機坪、道路、停車場及相關設施工程

　　本工程包括設於二期航廈南北兩側佔地30公頃之停機坪，南側可停靠10架波音747飛機之停機場及7架接駁機位、東西兩側可停4,133輛小客車、102輛大巴士之立體停車場及相關道路系統並預留將來興建地上七層之基礎結構。

　　增建相關支援或配合設施工程如49公頃基地之整地排水、道路、景觀、給水、污水、輸油電力系統等。

北機坪候機室工程（後續計畫）

　　配合北邊線型廊廳興建，北機坪可設置10架波音747航機。

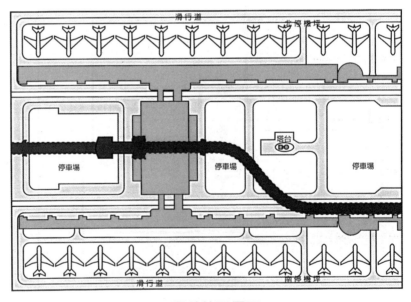

二期航站配置圖

出境報到大廳透視圖

二期航站大廈空間內容

第二期航站大廈為地上四層、地上二層之建築物,各樓層主要空間列述如下:

The Second Passenger Terminal is designed as a building with 4 levels above ground and 2 levels under the ground. Major space for each level is described as follows：

一樓入境層

其主要空間為:
行李提取大廳
迎客大廳
巴士等候室
旅館、租車服務櫃檯
航醫中心、航警、海關等辦公室

1F as the Arrival Level：
Its major space includs：
arrival baggage claim lobby
arrival greeting lobby
bus waiting room
hotel, car rent service counters
airport medical center

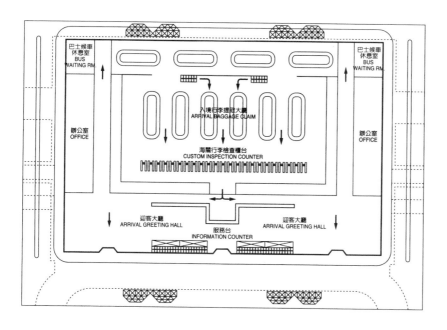

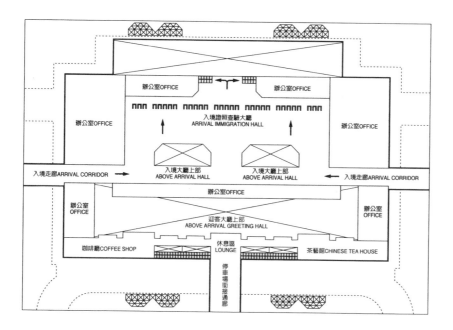

二樓入境夾層

其主要空間為：
入境走郎
入境證照查驗大廳
航站辦公室
航警、境管、海關等辦公室
轉機休息室等

2F as the Arrival Mezzanine：

Its major space includs：

arrival corridor

arrival immigration hall

administration office

airport police office

immigration office, custom office

transit lounge, etc.

三樓出境層

其主要空間為：
出境報到大廳、出境證照查驗大廳
轉運休息大廳、出租商店及庭園區
電視牆室、遊樂室等
航警、海關、航空公司等辦公室
出境走廊、候機室等

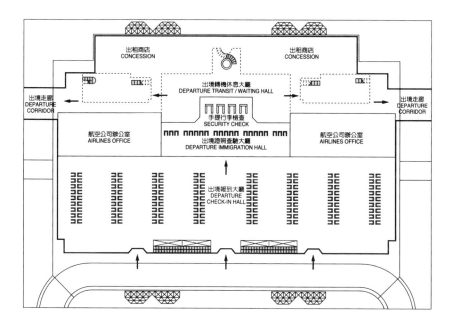

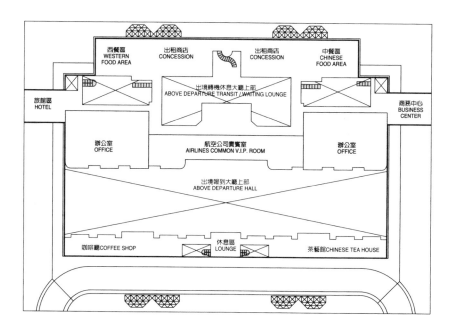

3F as the Departure Level ：

Its major space includs ：

departure check-in lobby, departure immigration hall

departure transit lounge, concession, garden area

video wall room, game room

airport police office, immigration office

custom office, airline office

departure corridor, holding room, etc.

四樓出境夾層

其主要空間為：

航空公司貴賓室、各式餐廳及美食街、商務中心、休息室、淋浴室、出租辦公室等

4F as the Departure Mezznine ：

Its major space includs ：

airlines V.I.P. rooms, various restaurants and snack vendors' area, business center, day room, sauna room, office for lease, etc.

地下一層

其主要空間為：

行李處理室、員工、訪客餐廳、機械房、捷運系統川堂、室內停車場

Basement 1 ：

Its major space includs ：

baggage processing room, employee & visitors＇restaurant, mechanocal room medium cqpacity transit concourse, indoor parking lot, etc.

地下二層

其主要空間爲：

捷運系統車站、機械房等

Basement 2 ：

Its major space includs ：

medium capacity transit station, mechanical room

捷運系統

中正機場因距離台北市區大約40公里，設有高速公路及勤務道路與台北都會區相連接，惟爲紓解現有高速公路交通量及容納機場高度成長之空運旅客與地區性之旅次，計畫將設置於台北市至機場之中運量捷運系統並於各航廈設置車站停靠，除提供快速便捷而可靠之旅運服務，並作爲航站非管制區內各航廈間之運輸網路。

本項系統採BOT方式辦理。

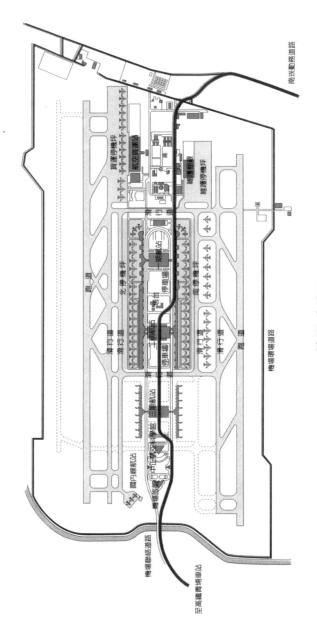

捷運系統圖

南貨動務道路

機場環場道路

機場聯絡道路

至高鐵青埔車站

貨運停機坪 · 航空貨運站

維護停機坪 · 維護棚廠

跑 道

滑行道 · 滑行道

北停機坪 · 第二航站

月台停車場

南停機坪

滑行道 · 滑行道

跑 道

中正機場捷運候車館 · 三航館站

國內線航站

Since CKS International Airport is about 40 kilometers from Taipei city, Freeway and access road connecting it with the metropolitan area of Taipei are duly designed. However, in order to relieve the existing crowded traffic on the Freeway and serve for the highly growing aeronautic passenger capacity in the said airport as well as regional passenger traffic demand, a medium capacity rapid transit system between Taipei city and the airport shall be constructed, with stops available at each airport terminal. This will provide rapid, convenient and reliable passenger transportation service and serve as a transportation network among various landside terminals in the airport.

自動電車系統

　　由於中正國際機場將設三座航站大廈，旅客轉機需求將愈趨增加，故特於第一、二期航站大廈管制區內設置自動電車輸送系統，作為轉機旅客運輸之用，並於將來第三期航站大廈完成時延伸路線，使一、二、三期航廈間管制區內成一U形迴路性之運輸網路。

　　Since there shall be three terminals in the existing CKS International Airport, the transit and transfer demand will be considerably increased. Therefore, easy and comfortable transit facilities are designed in the second terminal to meet the foreseen demand. A people mover system is installed in the airside area between the first and the second terminals to serve for

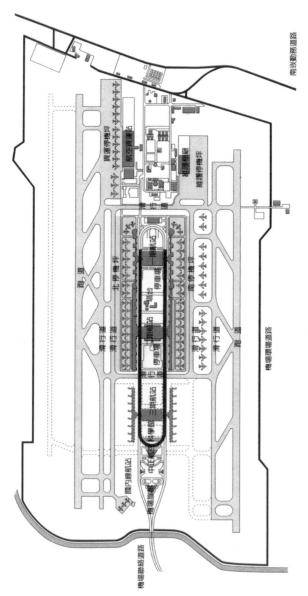

自動電車系統圖

transportation of transit passengers at this stage, and to serve as an extended route for the future third terminal in order to form a "U" loop network within the airside area after construction completion of the 1st, 2nd and 3rd terminals later.

中正國際機場主要設施現況資料

航線日期：中華民國68年2月25日

地理位置：

· 中華民國台灣省桃園縣大園鄉

· 東經：121°13'26"

　 北緯：25°4'55"

· 總面積：1,130公頃

· 平均標高：海平面33公尺

交通：距台北市中心車程40分鐘

· 機場聯絡道：8.3公里（4線）

　 經機場交流道銜接中山高速公路

· 勤務道路：10公里（2線）

　 經南崁交流道銜接中山高速公路

跑道、滑行道：

· 北跑道：5L/23R：3,660公尺長×60公尺寬

· 副跑道：5R/23L：2,752公尺長×45公尺寬

· 南跑道：06/24：3,350公尺長×60公尺寬

· 北滑行道：總長：10,810公尺寬45/35/30公尺

· 南滑行道：總長：5,912公尺寬35/30公尺

停機坪：

・客機停機坪：面積：636,220 平方公尺 停機22
・接駁停機坪：面積：132,446 平方公尺 停機8
・貨運停機坪：面積：169,600 平方公尺 停機15
・修護停機坪：面積：206,212 平方公尺 停機20

第一期航站大廈：

・地面四層／地下一層
・總面積：169,500 平方公尺
・年容量：12,000,000 人次
・尖峰小時：6,330 人次

一樓出境大廳：

・旅客櫃台10 座，報到口260 個
・行李檢查站10 座

行李輸送裝置：

・入境：行李輸送帶及行李盤6 套，389 公尺
・出境：行李輸送帶10 套，622 公尺

三樓休息大廳：

・出境證照查驗台48 個
・南北出境長廊：候機室22 間，登機門22 個
・南北入境長廊：過境休息室

三樓入境證照大廳：

・證照查驗台36 個，檢疫查驗台2 個

一樓行李大廳：

・行李提取轉盤8 座，海關檢查台48 個

入境迎客大廳

地下室行李處理場

停車場：
・面積96,660平方公尺
・容量：大小客車2,300輛
旅客輸送裝置：
・電梯：19部
・電動扶梯：6部
・電動走道：24部
・空橋：32座
空調設施：
・航站大廈：
主機6部（1,100冷凍噸），1部（120冷凍噸）
・管制塔台：主機2部（56冷凍噸）
・貨運站：主機2部（250冷凍噸）
　2部（90冷凍噸），2部（75冷凍噸）
・Counters ：10 Check-in Window ：260
・Baggage Check-in Conveyers ：10
助航設施：
・管制搭台
・第一類及第二類儀器降落系統
（每小時60架次精確儀器進場）
・終端雷達自動化系統
・航管通信系統
・陸空長程通信及傳遞系統
・終端場速管制台
・飛航諮詢系統
・氣象觀測及傳輸系統
・氣象衛星雲圖接收系統

- 機場燈光系統
- 都卜勒氣象雷達系統
- 多功能電話氣象資料傳眞系統

飛機加油設施：

- 輸油作業系統
- 油槽：16 座，儲油量：32,340 公秉
- 油管：7,000 公尺，加油栓：60 個

空航廚房：

- 面積：8,000 平方公尺
- 航機餐點：每日30.000 客
- 餐點輸送車：28 輛

航空貨運站：

- 總面積：約94,180 平方公尺
- 年容量：400,000 公噸
- 停車場：貨車306 位，小客車714 位

飛機修護廠棚：二座

- 廠棚面積：63,000 平方公尺，高度：26.5 公尺
- 容量：747 四架，767-300ER 一架
- 發動機修理工廠：二間
- 引擎試車台：二座

基地維護廠　　　　　　　檢疫大樓

航空郵件處理中心　　　　航警大樓

電信中心　　　　　　　　承攬業大樓

海關行政中心　　　　　　客車調度站

機場旅館：

- 地面10 層，地下一層，總面積34,396 平方公尺，具國際觀光旅館水準

- 客房：510 間，容量：1,000 人
- 附屬設施：中西餐飲、宴會廳、商店街、會議室、戶外健身、運動、休閒設施
- 停車容量：195 輛
- 服務：過境旅客與空地勤人員膳宿

中正航空科學館：
- 總面積：3,135 平方公尺
- 室內展區：一個正廳、四個陳列區、瞭望台
- 飛機實體展示公園
- 停車場容量：300 輛
- 休息服務區：一處

機場公共設施：
- 主變電所、變電站、供電系統
- 儲水池加壓站、給水系統、消防系統
- 污水處理廠、污水系統、焚化廠、瓦斯加壓站
- 緊急電源室、機場排水設施
- 場內交通道路：11 公里，現場設施道路：14 公里
- 車輛加油站
- 北坪消防救護站、南坪消防救護站

機場作業單位：
- 工作單位：110 個
- 工作人員：12,000 人

General Information

Opening Date ： February 25, 1979

Geographical Location ：

· Tayuan Town. Taoyuan County. Taiwan. R.O.C.

· Reference ： Longitude 120 ° 13 ' 26 ” E

                          Latitude 25 ° 4 ' 55 ” N

· Total area ： 1,130 hectares

· Elevation ： 33 meters above sea level

Ground Traffic ：

· Approx 40km form the center of Taipei 8.3km aong. 4 lanes connecting with the Sun Yat-Sen

National Freeway

· Nankan Service Rood

10km ling. 3 lanes connecting with the Sun Yat-Sen

National Freeway

Runways & Taxiways ：

· Runway north ： 5L/23R ： 3,660m × 60m

                      5R/23L ： 2,752m × 45m

· Runway south ： 06/24 ： 3,350m × 60m

· Taxiways north ： 10,810m （45m/35m/30m）

· Taxiways south ： 5,912m （35m/30m）

Aprons ：

· Passenger aircraft parking ：

Total area 636,200 m^2, 22 positions

T1 Remote parking ： area 132,446 m^2, positions

· Cargo aircraft parking ：

Total area 169,600 m^2, 15 positions

- Maintenance aircraft parking ：
  Total area 206,212 ㎡, 20 positions

Passenger Terminal ：
- Four staries construction with one level basement
- Total floor area ： 169,500 ㎡
- Handing Capacity ： 12,000,000 passengers per year
- Peak hour ： 6,330 passengers per hour

1F Departure Lounges ：

Baggage Conveyers ：
- Departure baggage check-in conveyers ：

10 sets, total length 622 meters
- Arrival baggage claim conveyers and dispensers ：
  6 sets, total length 389 meters

3F Departure Lobby ：
- Immigration Counters ： 48
- S/N Departure Concourse ：
  Holding Rooms ： 22 Boarding Gates ： 22
- S/N Arrival Concourse ： Transit Lounge

3F Arrival Lounge ：
- Immigration Counters ： 36 Quarantines ： 2

1F Baggage Lounge ：
- Baggage Conveyers ： 8
- Baggage Inspection Counters ： 48

Arrival Greeting Lobby

Basement Baggage Handling area

Parking ：
- Total area ： 96,660 ㎡
- Capacity ： 2,300 Vehicles

Passenger Movers ：

- Elevators ： 19 sets
- Escatators ： 6 sets
- Moving Sidewalks ： 24 sets
- Boarding Bridges ： 32 sets

Air Conditioning ：

- Passenger Terminal ：
  6 Units（1,100 R/Teach）, 1 Units（120 R/Teach）
- Control Tower ： 2 Units（56 R/Teach）
- Cargo Terminal ： 2 Units（250 R/Teach）
  2 Units（90 R/Teach）, 2 Units（70 R/Teach）

Navigational Aids ：

- Airport Control Tower
- Category ll and Caegory lnstrument Landing Systems
  （60 flights per hour approach）
- ATC Communication System
- Automated Radar Transmission System
- Weather Observation & Transmission System
- Airport Lighion System
- Terminal Radar Approach Control
- Air/Ground HF SSB Long Distance Communication & Dissemination System
- flight Services System
- Geosbationary Meteorolgical Satellite lmage Receiving System
- Doppler Weather Radar System
- Automated Weather Facsimile System

Aircraft Refueling System ：

· Refueling Operation Center

· Oil Tanks ： 16 Units（32,340 Kiloliters storage capacity）

· Oil pipes ： 7,000 meters, Refueling Hydrant P 60

Flight Kitchen ：

· Total Area ： 8,000 m²

· Capacity ： 30,000 meals daily

· Catering Trucks ： 28

Cargo Terminal ：

· Total Area ： 94,180 m²

· Hangling Capacity ： 400,000 MT per year

· Parking Lots ： 306 trucks, 714 vehicles

Aircraft Maintenance Hangar ： **2 sets**

· Total Area ： 63,000 m², Height ： 26.5 meters

· Capacity ： 4 Boeing 747 SP, 1 Boeing 767-300ER SP

· Engine Repair Shops ： 2

· Maintenance and Test Facillties ： 2

Base Manitenance Shop

Airmail Processing Center

Telecommunications Center

Customs Administrative Building

Quarantine Administrative Building

Airport Pollice Administrative Building

Forwarder and Cargo Agent Building

Bus Station ：

Airport Hotel ：

· 10 staries building with one level basement

Total Area ：34,396 ㎡

· Guest Rooms ：510

· Capacity ：1,000 guests

· Facictitles ：Chinese & Western style restauants, Conference halls, Shopping center, Swimming pool, Tennis court, etc.

· Parking Lot ：195 Vehicles

· Service ：

Provided for transit passengers and flight crews

Chung Cheng Aviation Museum ：

· Total Area ：3,135 ㎡

· Indoor Display Areas ：

One main atrium and four exhibition halls

· Aircraft Exhibition Park

· Parking Lot ：300 Vehicles

· Observation Tower

· Rest Areas

Airport Public Utillities ：

· Power Substation, Power Supply System

· Water Supply Station, and Water Supply System

· Sewerage Treatment, and Plant Sewerage Piping System

· Incinerators

· Natural Gas Supply Station and System

· Emergency Power Supply System

· Drainage System

· Airport Roadways ：11km

· Airport Peripheral ：14km

· Gas Station

· North Fire Fighting Rescue Station

· South Fire Fighting Rescue Station

Employees ：

· Operational units ：110, Total ：12,000

附錄五
台北國際航空站設施

台北國際航空站配置圖

空　側

◇跑道2605m，寬60m，供B747以下機型起降
◇中央、東、西快速、東、西滑行道共5753m
◇燈光設備：跑道燈、滑行道燈（目視、順序進場燈）
◇助導航：ILS、LLZ、測距儀
◇停機坪：固定翼43個、直昇機15個
◇空橋8座
◇四座維修機棚

台北國際航空站基本資料

◇啓用日期：1950, 4, 16
◇地理位置：中華民國・台北市
◇東經：121°32'36"
◇北緯：25°04'17"
◇總面積：182公頃（民航區36公頃）
◇標高：平均海拔18公尺
◇跑道：長2605公尺，寬60公尺
◇停機坪面積：288,000平方公尺

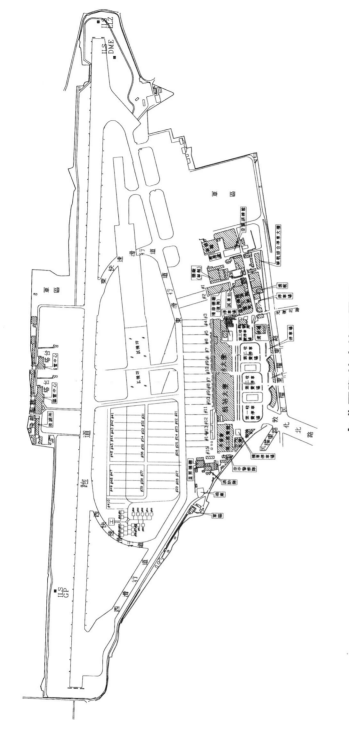

台北國際航空站配置圖
Display Drawing for All Area at Taipei Airport

◇停機位：43個（固定翼），15個（直昇機）

◇航站大廈：二樓夾層建築，總樓板面積46,000平方公尺

◇停車場：7處，面積29,660平方公尺，容量1,182輛

◇空橋：8座

◇維修棚廠：四座

未來重點工作與建設

◇交通方面：

· 航廈前車道增加雨庇，增加有雨遮之路緣，便利旅客上、下車。

· 第二航廈前機車停車場立體化，上停機車，下為計程車上車處，便利旅客乘坐。

· 第一停車場入口移至第二停車場處，便利停車利用。

· 敦化北路出口快車道再增一車道，使二線左轉、二線直行，以增加出口車行。

· 光復北路出口增加二車道，使出機場增加為三車道，以加速車行並增加排隊空間。

· 協調臺北市交通局增加中型公車定時行駛敦化南北路、民權東西路，以吸引乘坐公共運輸工具。

· 第三停車場立體化，增加停車位。

◇航廈方面：

· 航廈安檢線隔間打通，加速安檢作業。

· 東側內候機室增加旅客休憩空間（增加展覽室、吸煙室及育嬰室）

- 第二航廈一樓增加航、機務辦公室。
- 整修第二航廈二樓增加航空公司辦公室。
- 原觀光局旅遊服務中心增闢為餐飲、商店區。
- 12 至 15 機坪增加為三座空橋機坪，便利大型航機運作。
- 西側內候機室改建增加為三層樓便利旅客運作。

◇ 機坪方面：

- 中央滑行道與東快速滑行道間增加 15 個機坪。
- 於跑道 1,900 公尺處增加一條快速滑行道，以便利航機脫離。
- 規劃松山機場排水主計劃，建立完善之排水系統，徹底解決機坪積水情形。
- 第四號維修棚廠擴建，增加航機維修能量。
- 北側增闢直昇機停機坪，維修棚廠。
- 配合 12 — 15 機坪增建三座空橋及於 4 — 11 號機坪空橋大修時，調整機坪間距與交通道，以維飛航安全。

◇ 長期規劃：

- 繼續辦理松山機場整體規劃後續作業，並研訂逐期發展計劃。
- 土地方面，辦理民航站區土地撥用手續，以利未來民航發展，並逐年辦理機場附近保留地之徵收，以進行整體發展建設。

附錄六
高雄國際航空站設施

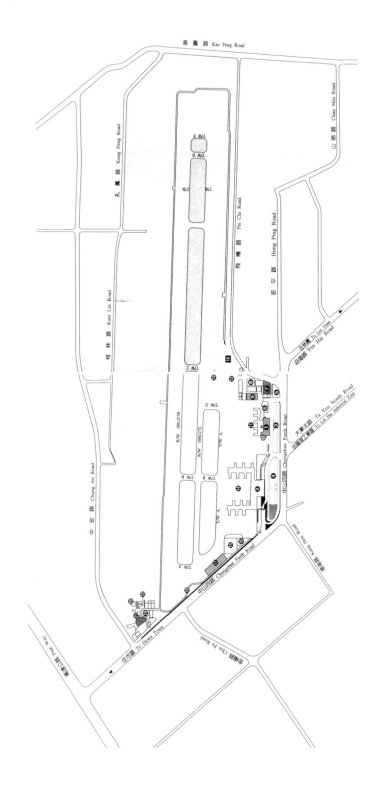

高雄國際航空站 配置圖

Display Drawing for All Area at Kaohsiung Airport

1.國內線航廈　Domestic Terminal

2.國際線航廈　International Terminal

3.國內線停車場　Domestic Parking Lot

4.國際線停車場　International Parking Lot

5.機車停車場　Motorcycle Parking Lot

6.近場管制塔　Approach Control Tower

7.航空警察局高雄分局　K.H.Branch, Aviation Police Bureau

8.航空加油站　Aviation Refueling Station

9.立榮航空飛機棚廠　Uni Air hanger

10.消防隊　Fire Station

11.國內線停機坪　Domestic Fleight Parking Bay

12.接駁機坪　Remove Parking Bay

13.貨機坪　Cargo Fleight Parking Bay

14.國際線停機坪　International Fleight Parking Bay

15.維修機坪　Maintenance Ramp

16.維修棚廠　Maintenance Hanger

17.直昇機停機坪　Helicopter Parking Bay

18.環場道路　Access Road

19.焚化爐　Incinerator

20.69KV變電站　69KV Transformer Station

21.污水處理廠　Sewage Treament Plant

22.給水站　Water Pump

位置：高雄市東南9公里

　　　北緯22°34'38"，東經120°20'33"

　　　09R/27L號跑道中點

標高：31呎

規模：面　積　244公頓

主跑道　長3150公尺，寬60公尺

副跑道　長3050公尺，寬45公尺

設備：儀器降落系統　第一類，09L跑道

機場目視標誌　綠白旋轉燈，每十秒旋轉一次

進場燈　09L跑道，720公尺中亮度簡易進場燈

09L/27R　跑道中心燈線

09L/27R　跑道目視進場燈

失事航空器清除裝備

九級消防設備

維修棚場　14919.38平方公尺

可容納B-737及A-300型同時維修

焚化爐

污水處理系統

Location ：9Km from the city of the southeastern
Kaohsiung Lat.22°34'38", N Long.120°
20'33" Center point of RWY 09R/27L

Elevation ：31ft.

Scale ：Area 244 hectares

Main runway L 3150m × W60m, 09L/27R

Auxiliary runway L3050m × W45m, 09R/27L

Facilities ：Instrument Landing System —Cat.I,RWY09L

Visual aids to Location —Rotation Beacon
every 10sec

Approach light —RWY 09L, 720m of MALSR
system

RWY 09L/27R Runway center line lights

RWY 09L/27R VASI system

Rescue equipment for aircraft accident

Category IX fire protection required

Aircraft maintenance hanger-able to accommodate B-737 and a A-300 simultaneously

Incinerator

Sewage treament system

行李手推車：免費提供，放置於行李提領區及候機大廳

銀行：設置國際線航廈一樓入境候客大廳及三樓出境大廳，國內線一樓候客大廳，提供存提款及兌換外幣服務

郵局：國內線一樓及國際線入境候客大廳，提供提款機、郵票出售、以及掛號郵件收寄服務

租車：位於國際線入境候客大廳及國內線候客大廳

投幣寄物箱：位於國內線到站出口西側以及國際出境大廳東側

保險：位於國際線出境大廳及國內線候客大廳

飯店預約：位於國際航廈入境候客大廳及國內線候客大廳

旅遊服務：位於國際航廈入境行李檢查大廳及入境候客大廳

Trolleys ：free to use in luggage claim and boarding areas.

Banks ：available in greeting lobby on the 1st floor and departure lobby on the 3rd floor of international terminal, and the arrival lobby on the 1st floor of domestic terminal, providing such services as saving, withdrawal and foreign currency exchange.

Post offices ：available on the 1st floory of the domestic terminal and greeting lobby of international terminal providing such services as auto-teller machine, stamps and registered mails.

Car rental ：available in greeting lobby on domestic and international terminals.

Coin lockers ：available at the western side of the arrival lobby of domestic terminal and the eastern side of the departure lobby of international terminal

Insurance service ：available in departure lobby of domestic and international terminals.

Hotel reservation ：available in greeting lobby on domestic and international terminals.

Tour services ：available in the customs claim and the greeting lobby of international terminal.

大眾運輸服務位於國內線航廈及國際線航廈西側

1.機場幹線巴士：每十五分鐘往返機場與高雄火車站間，服務時間06:15～22:45
2.市區巴士：由機場至市區各處
3.台汽客運：分別前往市區及萬丹、潮州、枋寮、東港、恆春、墾丁、鵝鑾鼻、台東、成功等地服務時間分別為07:00～22:50及00:50～23:30

4.高雄客運：往返機場與鳳山火車站及楠梓、台中間，服
　　　　　務時間06:30～22:20
5.中南客運：前往市區及墾丁、鵝鑾鼻間，服務時間24
　　　　　小時

Mass transportation service is available at the western side of both domestic and international flight terminals.

1.Shuttle Buses ：shuttling between the Airport and the Station every 15 minutes.

Service hours ：06:15～22:45 daily.

2.Public Buses ：frequent buses stop over the Airport from city.

3.Taiwan Transports Corporation ：to the city, and the suburban destinations like Wandan, Chaochou, Fangliao, Tunggun, Hengchun, Kenting, Oluanbi, Taitung and Chankung.

The service hours are, respectively, 07:00～22:50 and 00:50～23:30.

4.Kaohsiung Bus Company ：shuttling between the Airport and Fengshan Station.

Service hours ：06:30～22:20.

5.Chung Nan Bus Company ：offers 24-hour shuttle into Kaohsiung to dowtown and the train station and south to Kenting and Oluanbi.

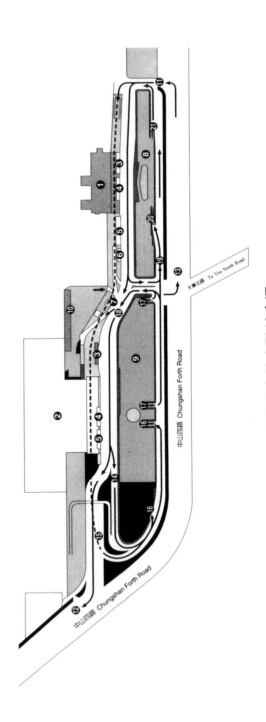

高雄航空站之聯外交通

中山四路 Chungshan Forth Road

大業北路 Ta Yeu North Road

中山四路 Chungshan Forth Road

1.國內線航廈 Domestic Terminal

2.國際線航廈 International Terminal

3.計程車上車處 Taxi Boading Area

4.自用車上下車處 Sedan Boading Area

5.公車上下車處 City Bus Boading Area

6.巡迴計程車上車處 Circuiting Taxi Boading Area

7.大客車上車處 Bus Boading Area

8.國內線停車場 Domestic Parking Lot

9.國際線停車場 International Parking Lot

10.大客車停車場 Bus Parking Lot

11.機場入口 Airport Entrance

12.往市區 To Downtown

13 往屏東 To Pintung

14.往停車場 To Parking Lot

15.下匝道往停車場 Down From Ramp To Parking Lot

16.國際線停車場入口 International Parking Entrance

17.國際線停車場出口 International Parking Exit

18.往國際線入境或往市區 To International Arrival or Downtown

19.往國內線停車場及國內線出口
To Domestic Parking Lot & Domestic Arrival

20.國內線停車場入口 Domestic Parking Entrance

21.國內線停車場出口 Domestic Parking Exit

附錄七
民用航空局航空醫務中心
組織編制與業務職掌

一、組織與編制

　　航空醫務中心為一自給自足非營利性之服務單位，由民用航空局組成航空醫務管理委員會監督辦理其作業，目前因非編制單位，並無固定之編組，而係依實際作業需要目前編組如下：置主任及副主任各一人，下設「體檢醫療組」、「研究發展組」、「護理服務組」、「醫學檢驗組」、「醫務勤務組」、「行政事務組」等六組，編配員額四十五員，並有特約醫師專任門診醫療，另延聘國內各大教學醫院之專家及學者為顧問，擔任醫學諮詢及協助鑑定檢查。係一提供航空從業人員醫療保健、衛生教育之非營利性服務單位。現行組織系統如附表一。

二、業務職掌

一、航空人員體檢及提供醫療保健、衛生教育工作。
二、航空從業人員之預防保健、一般門診、專科門診。
三、急救訓練、心肺復甦術、及航空生理教育工作。
四、航空器失事之醫學調查、研判及建議。
五、航空從業人員之心理檢測及諮商輔導。
六、接受主管機關指導辦理相關事項。
七、推動中華民國航空醫學活動，促進國際航空醫學交流。
八、接受委託辦理體檢及其他相關業務。
九、有關航空醫學之研究發展事項。

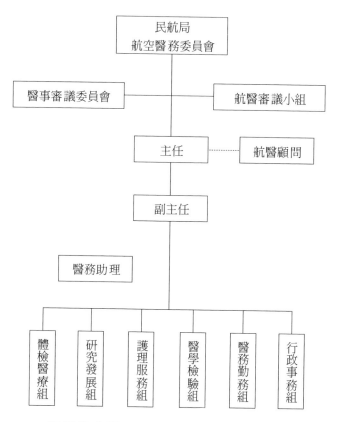

民用航空醫務中心作業組織系統表

民航局
航空醫務委員會

醫事審議委員會

航醫審議小組

主任 ········· 航醫顧問

副主任

醫務助理

體檢醫療組

研究發展組

護理服務組

醫學檢驗組

醫務勤務組

行政事務組

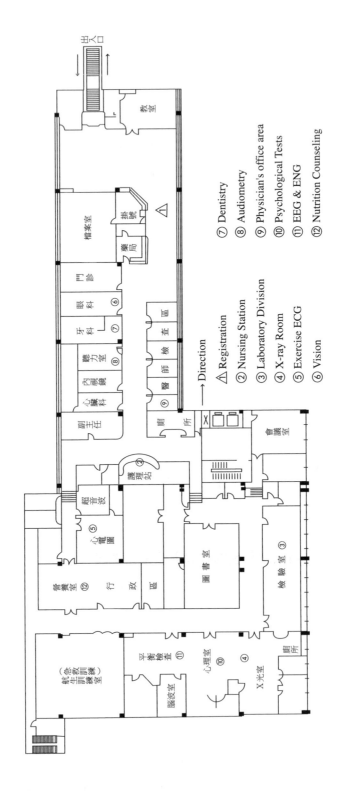

民用航空醫務中心心體檢流程圖

→ Direction
△ Registration
② Nursing Station
③ Laboratory Division
④ X-ray Room
⑤ Exercise ECG
⑥ Vision
⑦ Dentistry
⑧ Audiometry
⑨ Physician's office area
⑩ Psychological Tests
⑪ EEG & ENG
⑫ Nutrition Counseling

附錄八
民用航空局對機場四周禁止飼養飛鴿拆遷鴿舍補償辦法

民航局飛航安全宣導資料

中華民國八十七年五月二十八日交航發字第八七二○號令訂定發布

中華民國八十八年三月三十一日交航發字第八八一四號令修正發布

第 一 條　為確保飛航安全，並顧及機場周圍地區一定距離範圍內禁止飼養飛鴿之既有養鴿戶權益，特訂定民用航空局對機場四週禁止飼養飛鴿拆遷鴿舍補償辦法（以下簡稱本辦法）。

第 二 條　鴿舍拆遷之補償，除法令另有規定外，依本辦法辦理。

第 三 條　第一條所稱一定距離範圍，依交通部會同有關機關公告之機場跑道兩端中心點為中心，五公里半徑圓至中心點向外左右各三十五度之連線範圍。

第 四 條　本辦法之鴿舍拆遷補償標的，於台北、中正、桃園、台中、嘉義、台南、高雄、花蓮、台東、馬公及金門等十一個機場，係以八十七年元月二十一日修正公布之民用航空法施行前已設立之鴿舍為限。新竹、屏東、馬祖、綠島、蘭嶼、七美及望安等七個場機，係以交通部會同有關機關公告其一定距離範圍內禁養飛鴿之

日期前已設立之鴿舍為限。

第　五　條　本辦法鴿舍拆遷補償標準係依民用航空局委託之建築師公會所派建築師鑑定價值為準。

第　六　條　申請鴿舍拆遷補償之養鴿戶應於民用航空局公告截止期限前填具申請表（如附件一）及鴿舍所有權切結書（如附件二），送請當地航空站審核。

第　七　條　航空站接獲申請後，應派員會同委任建築師、航空警察局、當地警察機關人員及當地鄰里長赴現場初勘、鑑價。

第　八　條　養鴿戶於初勘後一週內自行拆遷鴿舍，並經航空站複勘查證屬實者，加發核定補償費一成之拆遷作業補償費。但經複勘未自行拆遷者，航空站應開立「強制拆除處分書」（如附件三）通知養鴿戶強制拆除日期。養鴿戶於前項強制拆除日期前已自行拆遷者，僅發給核定之補償費，不另加發；逾期仍未自行拆遷者，將強制拆除鴿舍，不予補償。

第　九　條　各航空站對於民用航空局公告拆遷補償申請截止期限後之被檢舉、被查獲或主動提出拆遷鴿舍補償申請之養鴿戶，其處理方式如下：

一、各航空站應依民用航空法第三十四條第二項及第一百十八條第一項第三款之規定開立「機場四週禁養飛鴿案件處分書（一）」（如附件四）處以罰鍰，並送達「民用航空局機場四週禁止飼養飛鴿通知書（一）」（如附件五），通知養鴿戶於限期內提出鴿舍拆遷補償申請。

二、養鴿戶應於航空站通知之限期內檢具鴿舍建造費用憑證或村里長證明確屬本辦法第四條所稱之補償標的，並填寫申請表（如附件一）及鴿舍所有權切結書（如附件二）送請當地航空站審核。

三、航空站接獲申請後，應派員會同委任建築師、航空警察局、當地警察人員及當地鄰里長赴現場初勘、鑑價，並開立「強制拆除處分書（一）」（如附件六），通知養鴿戶強制拆除日期。

四、養鴿戶於初勘後一週內自行拆遷鴿舍並經航空站複勘查證屬實者，發給核定鑑價金額五成之拆遷補償費。但經複勘未自行拆遷者，依前款處分書所定強制拆除日期強制拆除鴿舍，不予補償。

第　十　條　　航空站應將審核結果通知申請人。

經審核通過之申請人，應攜帶國民身分證及印章填具收據請款。

第 十一 條　　本辦法自發布日施行。

附件一

民用航空局 ＿＿＿＿＿＿ 航空站鴿舍拆遷補償費申請表

		申請日期	年 月 日

申 請 人 基 本 資 料				國民身份證反面影本 浮貼處
姓名		年齡	性別	
住址				
電話				

鴿 舍 基 本 資 料					
面積（坪）		材質		建造日期	年 月 日
座落地點				預計自行拆遷日期	年 月 日

申請人（養鴿戶）： （簽名、蓋章）

國民身份證字號：

初 勘 及 鑑 價 （以下供航空站使用）				
初勘日期	初勘人員簽名	預計複勘日期	養鴿戶簽名	鑑價結果詳如鑑價報告書
年 月 日		年 月 日		

複 勘 （ 年 月 日）		
自行拆遷日期	複勘人員	養鴿戶簽名

審 查 結 果

（ ）一、本案經審核符合民用航空局機場四週禁止飼養飛鴿拆遷鴿舍補償辦法規定，應予補償新台幣　佰　拾　萬　仟　佰　拾　元整。

（ ）二、本案經審核不符合民用航空局機場四週禁止飼養飛鴿拆遷鴿舍補償辦法規定，應不予補償。

審核人		審核日期	

注意事項：

一、申請人應攜國民身分證正本及正反面影本一份貼於第一聯至當地航空站辦理申請，身份證正本經航空站查驗後發還。

二、本案經初勘、複勘及審核等程序無誤後，再予撥款。

主任：　　　　主辦會計：　　　　組長：　　　　承辦人：

本申請表共五聯，經航空站完成審核後第一聯（白色）由航空站航務組留存，第二聯（淺紅色）送民用航空局航管組，第三聯（淺藍色）送民用航空局會計室，第四聯（淺綠色）送航空站會計單位，第五聯（淺黃色）結案後送申請人留存（不含附件）。

鴿舍所有權切結書

查座落於　　　　縣（市）　　　市（區、鄉、鎮、村）　　　路　段　巷

弄　　號　　樓之鴿舍確設於民國八十七年一月二十三日前並確屬本人所有，今依民用航

空局相關規定申請拆遷補償，未來於具領拆遷補償費後，前述鴿舍若發生申報不實及產權糾

紛，本人願負法律責任。

立切結書人：　　　　　　　　　　　　（簽名蓋章）

地　　　址：

國民身分證字號：

中 華 民 國　　　年　　　月　　　日

強制拆除處分書

查貴養鴿戶：

地址：

民國　年　月　日

字　號

係在交通部會同有關機關劃定公告各機場禁止飼養飛鴿之距離範圍內飼養飛鴿，違反民用航空法第三十四條規定，經於民國　年　月　日初勘，惟迄　年　月　日經複勘仍未自行拆遷，本局　　航空站訂於　年　月　日　時派員會同警察機關依民用航空法第一百十八條第二項規定強制拆除，貴養鴿戶如於上開強制拆除日期前已自行拆遷者，僅發給核定之補償費，不另加發；逾期仍未自行拆遷者，將強制拆除鴿舍，不予補償。

如不服本處分，應於接到處分書之次日起三十日內向交通部提起訴願。

處分機關：民用航空局

附件三

交通部民用航空局　航空站

執行機場四周禁養飛鴿案件處分書（一）

民國　年　月　日
字　號

受處分人姓名或名稱	姓名		年齡　歲	職業	身份證統一編號或證件字號	地址	縣　市　里　路　巷　號　樓 市　鄉村街　段　弄
違反民用航空法之情形							
違反日期	年　月　日			違反法令		本案係違反民用航空法第三十四條第二項並依同法第一百十八條第一項第三款處分。	處分　罰鍰新臺幣　　萬元。
違反地點				繳款期限	年　月　日以前。	繳款地點	航空站
附件	民用航空法第三十四條、第一百十八條及第一百二十條文。						
注意事項	一、對本處分如有不服者，應於接到本處分書之次日起三十日內向交通部提起訴願。 二、罰鍰逾期不繳納者，即送法院強制執行。						

本處分書分四聯：第一聯（白色）送舉發人，第二聯（淺紅色）交受處分人，第三聯（淺籃色）如拒繳者移送法院用，第四聯（淺綠色）航空站存查。

附件四

中華民國　年　月　日

民用航空局機場四週禁止飼養飛鴿通知書（一）

一、依據民用航空法第三十四條、第一百十八條及第一百二十條辦理。

二、交通部會同有關機關劃定公告各機場禁止飼養飛鴿之距離範圍如左：

各機以其跑道兩端中心點為中心，五公里半徑圓至中心點向外左右各三十五度之連線範圍以內禁止飼養飛鴿。

三、貴養鴿戶係在本局

航空站之機場劃定公告禁止範圍內養鴿，請於　年　月　日前向該航空站申請鴿舍拆遷補償事宜，並於該航空站初勘後一週內完成拆遷。如經複勘查證屬實者，將發給核定鑑價金額五成之鴿舍拆遷補償費。但經複勘，仍未自行拆遷者，將強制拆除鴿舍，不予補償。

四、未於限期內提出補償申請、逾期不遷移或仍擅自設舍飼養者，將強制拆除並不予補償。

五、為維護飛航安全，請貴養鴿戶配合，謝謝您的合作。

中 華 民 國 　 年 　 月 　 日

通知機關：民用航空局

附件五

強制拆除處分書（一）

民國　年　月　日

字　　　號

查貴養鴿戶：

地址：

係在交通部會同有關機關劃定公告各機場禁止飼養飛鴿之距離範圍內飼養飛鴿，違反民用航空法第三十四條規定，今於民國　年　月　日初勘、鑑價，預計於　年　月　日複勘，本局　　　航空站並訂於　年　月　日　時派員會同警察機關依民用航空法第一百十八條第二項規定強制拆除，貴養鴿戶如於上開強制拆除日期前已自行拆遷者，將發給核定鑑價金額五成之拆遷補償費；逾期仍未自行拆遷者，將強制拆除鴿舍，不予補償。

處分機關：民用航空局

如不服本處分，應於接到處分書之次日起三十日內向交通部提起訴願。

附件六、

附錄九
飛航安全標準及航空站、飛行場、助航設備四周禁止、限制建築辦法

民航局飛航安全宣導資料

中華民國六十三年十月二十三日交通部交航字第九六七〇號令訂定發布

中華民國六十五年十一月五日內政部臺內營字六九四九六八號令、交通部交航字第一〇五二號令、國防部金銓字三五三三號令會銜修正發布

中華民國七十二年八月三十日交通部交航字第一九六三〇號令、國防部淦湜字第三五二七號令、內政部臺內警字第一七六六六三號令會銜修正發布

中華民國七十八年五月三十日交通部交航發字第七八一七號令、國防部恕惻字第二四八〇號令、內政部臺內字第六九八九〇八號令會銜修正發布第一條及第四條條文

中華民國八十二年十二月二十八日交通部交航發字第八二三三號令、內政部臺內營字第八二八九四二五號令、國防部伸信字第八八四〇號令會銜修正發布

第　一　條　本辦法依民用航空法第三十一條規定訂定之。

第　二　條　本辦法所用名詞之釋義如左：

一、起落地帶：指跑道及其毗連地帶。

二、進場面：指在跑道二端特定之傾斜面。

三、水平面：指在航空站，或飛行場及緊鄰區域上一定高度之水平面。

四、轉接面：指自進場面之兩邊及自進場面內

邊兩端引延與跑道中心線平行之直線向外
斜上與水平面相交接成之傾斜面。

五、圓錐面：接自水平面之週圍向外斜上延伸
所構成之圓錐斜面。

第　三　條　航空站或飛行場起落地帶之飛航安全以左列範
圍爲標準：

一、中正航空站爲長包括跑道全長及自跑道兩
端延伸各三〇〇公尺，寬由跑道中心線向
兩側各展二二五公尺所構成之矩形。

二、臺北及高雄航空站爲長包括跑道全長及自
跑道兩端延伸各六〇公尺，寬由跑道中心
線向兩側各展一五〇公尺所構成之矩形。

（附示意圖一）

前項飛航安全標準之範圍，爲禁止建築地區。

第　四　條　航空站、飛行場及其鄰近區域供航空器進場或
繞場之飛航安全以左列範圍爲標準：

一、進場面爲在距跑道端六〇公尺處，寬三〇
〇公尺及在跑道端一五、〇六〇公尺處，
寬四、八〇〇公尺所形成之喇叭口形之斜
面，該斜面自裡往外延伸斜上至距跑道
三、〇六〇公尺處，高距比爲一比五十；
其後延進場面之斜面在距道端三、〇六〇
公尺處至一五、〇六〇公尺處，其高距比
爲一比四〇。

二、高雄航空站之水平面爲以南跑道兩端中心
點爲圓心，各以三公里、五公里、七‧五
公里及十公里爲半徑作圓弧，各圓弧與連

接各圓弧之切線範圍內所構成之四層橢圓
帶狀平面，各平面之高度距機場標高分別
爲六十公尺、九十公尺、一二○公尺及一
五○公尺，各平面間各以高距比爲一比二
十之傾斜面，由外向跑道方向延伸銜接。
北跑道北端不設置水平面（附示意圖一之
一）。中正航空站之水平面爲以各跑道兩端
之中心點爲圓心，在距機場標高四五公尺
之上空，以四、○○○公尺半徑作圓弧，
各圓弧與連接各圓弧之切線範圍內所構成
之水平面（附示意圖一之二）。臺北航空站
之水平面僅設於跑道南側，爲各以跑道兩
端中心點爲圓心，在距機場標高六○公尺
之上空，以三、○○○公尺半徑作圓弧，
連接此二圓弧與跑道平行之切線範圍內所
構成之水平面（附示意圖一之三）。

三、高雄航空站之轉接面爲自距北跑道中心線
北側一五○公尺處，向北水平延伸至二、
一○○公尺處，高度爲三○○公尺之斜
面，甚高距比爲一比七，及自距南跑道中
心線南側一五○公尺處，向南水平延伸至
四二○公尺處，高度爲六十公尺之斜面，
其高距比爲一比七（附示意圖一之一）。中
正航空站之轉接面爲自跑道中心線兩側各
一五○公尺處，延伸至與進場面水平相接
處所形成之斜面，其高距比爲一比七（附
示意圖一）。臺北航空站之轉接面爲自距跑

道中心線兩側各一五〇公尺處延伸至二、一〇〇處所構成之斜面，其高距比爲一比七。但在跑道南側水平面範圍內之部份僅延伸至與水平面相交處（附示意圖一之三）。

四、中正航空站之圓錐面其範圍爲自水平面之周圍以二、〇〇〇公尺之水平距離斜上向外所構成之斜面，該斜面之高距比爲一比二〇（附示意圖一及附示意圖一之二）。高雄航空站及臺北航空站之圓錐不設置。

前項飛航安全標準之範圍爲限制建築地區。

第　五　條　前二條規定以適用於中正、臺北、高雄及其他同類之航空站爲原則，但於次級或小型航空站或飛行場得依各該航空站或飛行場之性質、範圍及規模比例縮小之。

第　六　條　助航設備四週之飛航安全，以左列範圍爲標準：

一、儀器降落系統左右定位臺，其天線週圍七五公尺半徑內及自天線兩側各六〇公尺（第一類儀器降落系統）或各九〇公尺（第二、三類儀器降落系統）至跑道端之矩形地區，其地面必須平整（附示意圖二及其說明）。

二、儀器降落系統滑降臺，自跑道中心線至其天線並延伸六〇公尺（第一類儀器降落系統）或九〇公尺（第二、三類儀器降落系統）寬及自天線向跑道方向延伸九一五公

尺（第一類儀器降落系統）或九七五公尺（第二、三類儀器降落系統）之矩形地區，其地面必須平整（附示意圖三）。

三、多向導航臺，天線三〇〇公尺，半徑內之地區，其地面必須平整。

四、機場搜索雷達，以天線爲中心，半徑三五〇公尺內之地區，其地面必須平整。

五、多向導航臺，天線三〇〇公尺半徑以外地區，所有導致電波反射之物體，均應在天線基地線起算之仰角一度以下。（附示意圖四）

六、機場搜索雷達，以天線爲中心，半徑三五〇公尺以外地區之物體，其高度以天線爲觀察點，在進場面及其上空，不得有任何投影。（附示意圖五）

前項第一款至第四款所定飛航安全標準之範圍爲禁止建築地區；第五款及第六款爲限制建築地區。

第　七　條　依本辦法劃定之禁止建築地區，應由民用航空局繪製一萬二千五百分之一或二萬五千分之一之平面圖五份，報請交通部會同內政部及有關單位核定之。

前項地區經核定後，民航局應即會同當地縣（市）政府設立界樁，於三個月內由當地縣（市）政府繪製樁位圖公告週知。

第　八　條　經核定爲禁止、限制建築之地區，其建築管理依左列規定辦理：

一、禁止建築地區，除飛航安全所必需之設施外，不得有任何建築物；其原有建築物應由當地縣（市）政府通知物主拆遷之。

二、各當地（縣）市政府對申請在限制建築地區營建者，其建築物之高度應依第四條或第六條第一項第五款或第六款之規定辦理；其原有建築物之高度超過者，應通知物主就其超高部分拆除之。

前項拆遷拆除，應由民用航空局給予合理之補償。

第　九　條　本辦法所定之航空站、飛行場係屬軍民合用者，其禁止限制建築地區，除適用本辦法之規定外，並應適用其他有關禁止、限制建築法令之規定。

第　十　條　本辦法自發布日施行。

示意圖一

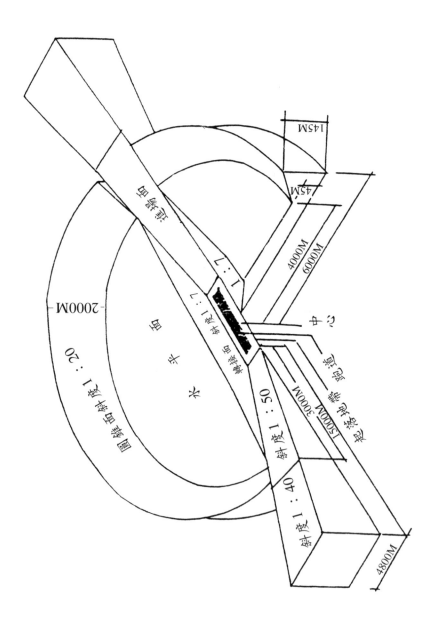

示意圖一之一

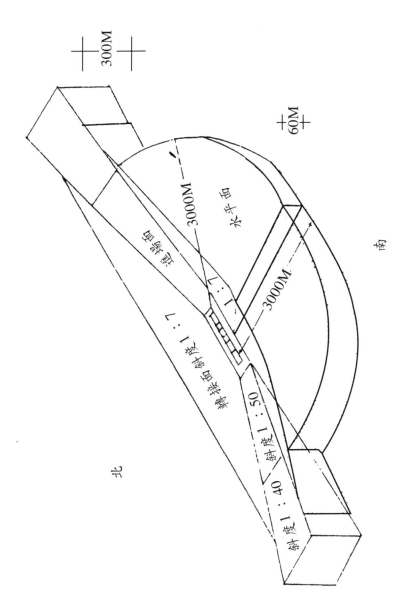

300M

60M

水平面

3000M

進場面

3000M

南

轉接面斜度 1：7

斜度 1：50

斜度 1：40

北

示意圖一之二

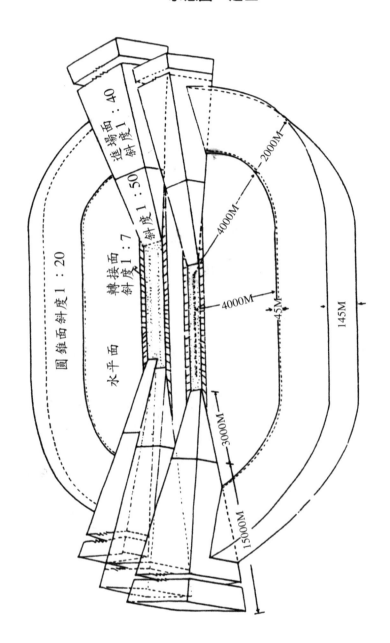

示意圖二

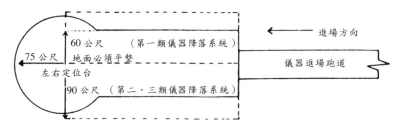

說　明：

1. 第一類儀器降落系統：儀降系統涵蓋邊界起，至其滑降航道與左右定位台航道相交在包括跑道頭之水平面上方60公尺或更低處之一點止，能提供引導資料之儀降系統設備。

2. 第二類儀器降落系統：自儀降系統涵蓋邊界起，至其滑降航道與左右定位台航道相交。在包括跑道頭之水平面上方15公尺或更低處一點止，能提供引導資料之儀降系統設備。

3. 第三類儀器降落系統：儀降系統於必要時，在配屬設備補助下，自其涵蓋邊際起，在跑道面上並沿跑道面，提供引導資料。

示意圖三

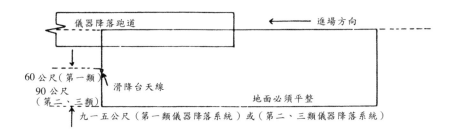

示意圖四

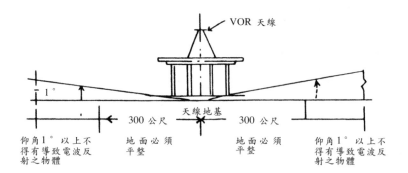

VOR 天線

1°

300 公尺   天線地基   300 公尺

仰角1°以上不
得有導致電波反
射之物體

地面必須
平整

地面必須
平整

仰角1°以上不
得有導致電波反
射之物體

示意圖五

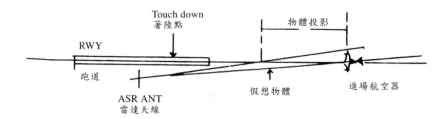

Touch down
著陸點

物體投影

RWY
跑道

ASR ANT
雷達天線

假想物體

進場航空器

航空業務

餐旅叢書

著　　　者 ／	朱雲志
出 版 者 ／	揚智文化事業股份有限公司
發 行 人 ／	葉忠賢
責任編輯 ／	賴筱彌
執行編輯 ／	陶明潔
登 記 證 ／	局版北市業字第 1117 號
地　　　址 ／	新北市深坑區北深路三段260號8樓
電　　　話 ／	（02）8662-6826
傳　　　真 ／	（02）2664-7633
郵政劃撥 ／	19735365　戶名：葉忠賢
印　　　刷 ／	鼎易印刷事業股份有限公司
法律顧問 ／	北辰著作權事務所　蕭雄淋律師
初版四刷 ／	2013 年 3 月
I S B N ／	957-818-205-8
定　　　價 ／	新台幣 350 元
電子信箱 ／	yangchih@ycrc.com.tw
網　　　址 ／	http://www.ycrc.com.tw

國家圖書館出版品預行編目資料

航空業務= The Aviation of Business／朱雲志著. --
　初版. -- 台北市：揚智文化，2000〔民 89〕
　面；　公分（餐旅叢書）

　ISBN　957-818-205-8（平裝）

　1. 航空運輸 – 管理

557.94　　　　　　　　　　　　　　　　89014290

訂購辦法：
＊.請向全省各大書局選購。
＊.可利用郵政劃撥、現金袋、匯票訂講：
　郵政帳號：14534976
　戶名：揚智文化事業股份有限公司
　地址：台北市新生南路三段 88 號 5 樓之六
＊.大批採購者請電洽本公司業務部：
　TEL：02-23660309
　FAX：02-23660310
＊.可利用網路資詢服務：http://www.ycrc.com.tw
＊.郵購圖書服務：
　❑請將書名、著者、數量及郵購者姓名、住址，詳細正楷書寫，以免誤寄。
　❑依書的定價銷售，每次訂購（不論本數）另加掛號郵資 NT.60 元整。